Essais sur l'histoire des con

Vladimir Bulatov
Maxim Zagorulko

Essais sur l'histoire des concessions dans la Russie impériale

1836-1917.

ScienciaScripts

This book is a translation from the original published under ISBN 978-3-8443-5480-5.

Publisher:
Sciencia Scripts
is a trademark of
Dodo Books Indian Ocean Ltd., member of the OmniScriptum S.R.L Publishing group
str. A.Russo 15, of. 61, Chisinau-2068, Republic of Moldova Europe

ISBN: 978-620-3-19114-1

CONTENU

INTRODUCTION

À partir des années 30 du XIXe siècle, l'État russe a fait un usage actif des - concessions. Toutefois, il faut tenir compte de la présence de nombreux prototypes de concessions dans l'histoire russe, qui, sous la forme de privilèges et d'avantages spéciaux, ont été accordés à la classe marchande par les autorités supérieures de l'État. Ainsi, en racontant l'époque de l'État de Moscou, les historiens et les juristes nationaux ont parfois utilisé le mot "concession"[1]. Par exemple, L.N. Gumilev a mentionné la "concession" accordée par Ivan le Terrible aux commerçants anglais[12]. Et bien que le terme "concession" lui-même n'ait pas été utilisé en Russie à cette époque, il était plus facile pour l'historien de caractériser l'essence de certains phénomènes de la vie économique de cette période.

Naturellement, en tant que phénomène de l'économie mondiale, la concession a ses racines dans un passé plus lointain. En 1923, le professeur V.N. Shreter, expert bien connu du droit des concessions, notait : "L'ordre juridique bourgeois moderne ne peut s'attribuer l'honneur de "l'invention" des concessions : en fait, on les trouve depuis longtemps, mais seulement sous d'autres noms. Partout où le pouvoir étatique monopolisait en sa faveur une certaine activité génératrice de profits, il transférait souvent cette activité à des personnes privées, mais déjà sous la forme d'un privilège exclusif et moyennant une rémunération spéciale"[3].

Le professeur B.A. Landau, un collègue de V.N. Shreter, a rappelé que même les juristes romains ont fait remarquer que parmi un grand nombre d'objets du monde extérieur, qui peuvent servir à satisfaire les besoins de l'homme, il existe un groupe spécial d'objets, qui ne peuvent pas être des objets de possession privée. En vertu de la loi, ces objets peuvent être retirés de la circulation civile et soumis à des règles spéciales. Le but de ces exemptions, appliquées par les autorités, est de faire en sorte que les objets servent l'intérêt du collectif plutôt que celui de l'individu. Mais les mêmes

---

[1] Voir par exemple : Landau B.A. Concession Law of the Union of SSR (avec l'annexe des lois existantes sur l'ordre d'octroi des concessions). - M., 1925. C. 7-8.

[2] Voir : Gumilev L.N. De la "Rus" à la Russie. - Moscou : AST, "Guardian", 2006. C. 210.

[3] Shreter V. Droit des concessions // Bulletin de l'industrie, du commerce et des transports. 1923. № 9-10. C. 1.

intérêts de la collectivité peuvent également déclencher le mouvement inverse, c'est-à-dire qu'un objet volé peut être transféré de la possession privée à la possession privée sous certaines conditions. Dans ce cas, il y a une sorte de "renvoi". Un tel retour ne peut être effectué que par un acte de l'autorité publique1.

Ainsi, la littérature nationale et étrangère prouve que la concession est née partout et toujours, là où le pouvoir de l'État, monopolisant les biens économiques et les domaines d'activité les plus importants en sa faveur, a transféré ses monopoles à des personnes privées en tant que privilège spécial et moyennant une redevance spéciale. Autrement dit, la concession n'a vu le jour qu'en présence de droits de propriété exclusifs de l'État (le monarque). Il existe donc un lien indissociable entre le concept de "concession" et des notions telles que le "monopole d'État" et les "insignes". Le - juriste allemand Fleiner a fait valoir que la racine historique de tous les droits exclusifs de l'État est le concept d'insignes[45].

Les emblèmes sont un droit exclusif de l'État (le monarque) d'exercer telle ou telle activité, ainsi que le droit de tirer des revenus des activités des personnes privées auxquelles l'État (le monarque) délègue son droit exclusif. Autrement dit, les insignes et le monopole d'État sont des concepts homogènes qui désignent le droit exclusif de pouvoir sur certains biens économiques et certaines sphères d'activité. Leur retrait dans le chiffre d'affaires privé n'est possible que par un acte législatif spécial de l'État - la concession (du latin *concessio* - "concession", "permission"). En cela, le sens premier de la concession est que ce retrait n'est pas fait dans l'intérêt d'un individu, mais dans l'intérêt de l'État et de la société.

En analysant les origines de la concession, nous rencontrons le plus souvent la notion d'emblème de montagne, qui est l'exemple le plus connu et le plus traditionnel. Elle a vu le jour pendant la période des Hohenstaufen, une dynastie de rois allemands du sud et d'empereurs du Saint Empire romain qui a régné de 1138 à 1254. La disposition sur les insignes de montagne a été clairement formulée par l'empereur

---

[4] Landau B.A. Droit de concession de l'Union de la RSS ... C. 1-3.
[5] Ibid. C. 3, 5.

Frédéric III (alias duc de Souabe), connu dans l'histoire sous le nom de Frédéric - Barberousse ("Barbe rouge"). Selon elle, personne n'avait le droit de s'engager dans l'exploitation minière sans obtenir une "concession" du monarque, pour laquelle il devait payer une certaine redevance. Cela s'appliquait avant tout aux propriétaires terriens, qui devaient obtenir une "concession" impériale pour pouvoir se lancer dans l'exploitation minière. Le recueil de droit féodal germanique "Saxon Serzal", compilé vers 1230, indiquait la concession minière comme un fait déjà existant. La prétention de l'empereur à la disposition exclusive du sous-sol a conduit à ses affrontements avec les princes impériaux. À certains d'entre eux, en vertu de la Bulle d'or, qui a consolidé les privilèges des princes, les insignes de montagne ont été transférés1.

En France, jusqu'au XVe siècle environ, les barons considéraient le sous-sol comme "une partie du champ". (lat. *pars fundi*). C'est-à-dire qu'ils considéraient le sous-sol comme une partie intégrante de leur propriété foncière. Depuis le XVe siècle, l'idée des insignes de montagne appartenant au roi a été établie, et la Grande Révolution française au XVIIIe siècle a déclaré le sous-sol comme propriété nationale. Ainsi, les droits d'exploitation du sous-sol, la frappe de la monnaie, certains types de commerce, etc. ont été transférés du monarque à l'État. La concentration entre les mains de l'État du droit de produire un certain type de commerce est également connue sous le nom de monopole d'État. "Lorsqu'un système de monopole d'État sur certains biens économiques est établi, ces biens sont retirés de la circulation privée et, par conséquent, l'exploitation des objets pour lesquels un monopole d'État est établi ne devient possible que par l'octroi de concessions", a remarqué Landau[67].

La pratique économique et juridique n'a pas développé une définition univoque dacte législatif spécial du monarque (l'État) délivré à chaque personne ou société privée et lui accordant le droit d'exercer certaines activités commerciales dans les domaines qui relèvent du monopole de l'État (d'ailleurs, le mot "concession" implique également l'objet de la concession elle-même).

---

⁶ Voir Landau B.A. Droit de concession de l'Union de la RSS ... C. 4.
⁷ Ibid. C. 4-5.

Du point de vue des relations modernes de concession, le concept de "concession-" peut être interprété comme une loi spéciale de l'autorité publique (de l'État ou locale) délivrée à chaque personne morale ou physique aux fins de son activité entrepreneuriale visant à créer et/ou exploiter des biens de l'État ou des municipalités et à fournir des services dans une sphère monopolisée par l'État.

La pratique nationale montre que les personnes physiques et morales, les gouvernements étrangers, les institutions et organisations étatiques et municipales peuvent agir en tant que concessionnaires. Le rôle du concessionnaire ne peut être joué que par l'État représenté par le gouvernement ou un organe représentant le gouvernement, ainsi que par une autorité municipale (régionale) si la question concerne des concessions dans la sphère de l'économie municipale. Dans un contrat de concession, le concédant agit également comme une entité économique.

Une caractéristique spécifique de la concession est qu'elle permet d'aller au-delà de la législation actuelle, lui conférant ainsi un avantage inhérent par rapport à d'autres formes juridiques de propriété et d'utilisation des biens de l'État ou des municipalités. Un phénomène courant dans un contrat de concession est l'octroi d'un ensemble d'avantages et de privilèges à l'entrepreneur. Cet acte des pouvoirs publics poursuit les intérêts de l'État, de la région, de la ville et de la société, et par conséquent les termes de la concession obligent légalement la personne privilégiée à remplir sa fonction sociale plutôt que de faire appel à une quelconque "responsabilité sociale des entreprises" abstraite.

Le professeur O.V. Inshakov souligne que l'essence économique de la concession se manifeste par l'émergence d'obligations mutuelles des sujets du contrat de concession (concédant et concessionnaire), dont l'exécution crée de nouvelles opportunités pour la production d'investissements dans la propriété publique. Ces possibilités supplémentaires sont le résultat des effets coopératifs et cumulatifs du partenariat public-privé et sont la conséquence de la réalisation des intérêts des sujets des accords de concession. C'est le partenariat public-privé qui réalise le lien entre les deux fonctions de la propriété - la disposition et la possession - dans un projet particulier. La concession peut également être considérée comme une forme de mouvement de

6

capitaux entrepreneuriaux, dans laquelle le concessionnaire cède la possession et l'utilisation de l'objet de la concession au concessionnaire sous certaines conditions et pour une période de temps en échange de paiements de concession1.

Il existe une "ligne de partage des eaux" fondamentale entre deux formes juridiques d'utilisation des biens de l'État ou des municipalités qui sont très proches dans leur signification et leur contenu. C'est la "ligne de partage des eaux" entre les concepts de "bail" et de "concession". Le professeur V.N. Shreter a clairement distingué ces concepts. Selon sa définition :

"«1. Un bail est une transaction privée avec le Trésor public ; une concession, en revanche, est une loi spéciale qui peut accorder au concessionnaire des droits spéciaux et le garantir contre des changements ultérieurs.

2. L'essence d'un bail est l'exploitation de certains biens ; une concession est l'octroi du droit d'exercer certaines activités commerciales"[89] .

La concession est mise en œuvre dans les domaines qui relèvent de la compétence et constituent une prérogative et une obligation directes des autorités publiques - générales ou locales. Les autorités cèdent (approuvent) l'exploitation desdits domaines économiques à des personnes morales ou physiques1.

Le concessionnaire doit créer un nouvel objet de propriété publique ou, lorsqu'il exploite un objet existant, lui donner des caractéristiques et des propriétés améliorées, c'est-à-dire, en fait, tout de même créer et exploiter un nouvel objet. Toutefois, comme l'a admis le professeur D. I. Ivanitsky, "le bail n'exclut pas la production préalable de travaux d'équipement par l'entrepreneur, la concession peut avoir pour objet l'exploitation (sans constructions préalables) - par conséquent, les deux institutions ont la même structure économique *(corpus)"*. Par conséquent, la différence fondamentale réside à nouveau dans le fait que le bail est autorisé par la législation générale et que l'étendue des droits et obligations du concessionnaire est définie dans la concession approuvée par l'autorité en une seule fois. Le concessionnaire peut être investi par

¹ Voir : Inshakov O.V. Avant-propos // Bulatov V.V., Zagorulko M.M. Voie maritime Volga-Don-Azov : concessions non réalisées. - Volgograd : Volgograd Scientific Publishers. 2007. C. 12-13.
⁹ Cité dans : Bernstein I.N. Essays on Concession Law of the USSR / Edité par M.O. Reichel. - M. ; L. : Maison d'édition d'État, 1930. C. 34.

l'autorité de pouvoirs[10][11] spéciaux (qualifiés), plutôt qu'ordinaires.

Mais comme les deux institutions - concession et bail - "englobent toujours la même composition économique", les relations de concession sont formées sur la base de presque les mêmes principes de base sur lesquels les relations de bail sont for[12]mées. Il s'agit notamment de :

1) le principe de l'accord entre le concédant et le concessionnaire (qui se - manifeste par une forme de concession) ;

2) le principe de récupérabilité (exprimé par la restitution de l'entreprise concessionnaire au concesseur à la fin de la période de concession) ;

3) le principe de paiement (exprimé sous la forme de paiements de parts du concessionnaire et d'autres paiements au concédant pendant toute la durée de la concession) ;

4) le principe de l'avantage mutuel tout en respectant toutes les conditions du contrat de concession.

L'entreprise concessionnaire n'est pas la propriété du concessionnaire - c'est un bien public en sa possession et à son usage. Ainsi, d'un point de vue juridique, la concession a un caractère de droit public plutôt que de droit privé. Pour que le phénomène de concession se produise, il faut qu'il y ait une propriété publique elle-même ou l'existence d'une zone d'activité fermée à la circulation générale. Mais comme le manque de fonds de l'État ou des municipalités, ou simplement l'incapacité banale de l'appareil bureaucratique, se produit souvent, la propriété publique et les zones d'activité fermées commencent à représenter un "champ d'exemptions". Une autre condition préalable à l'émergence d'une concession est l'existence d'institutions d'entreprises - privées et publiques, qu'elles soient nationales ou étrangères.

Cette monographie présente des esquisses de l'histoire des concessions dans - l'Empire russe. C'est la première tentative dans la Russie moderne de résumer l'expérience intérieure pré-révolutionnaire de mise en œuvre et de planification des

---

[10] Archives d'État de l'économie russe (RGAE). Ф. 478. Оп. 2. Д. 1090. Р. 238 оп.
[11] Ibid. Р. 238 ob., 239 ob. - 240.
[12] Voir : Kelarev V.V. Les relations de bail dans les conditions de formation d'une économie de marché : Thèse d'auteur pour le diplôme de candidat en sciences économiques. - Doctorat en économie, Rostov-sur-le-Don, 1993. С. 8-9.

chemins de fer, du transport par eau et des concessions municipales, des concessions forestières, métallurgiques et minières. Les épisodes liés aux activités des concessions russes en Chine, en Corée et en Perse sont également pris en compte. Pour préparer cette monographie, les auteurs ont utilisé à la fois des documents non publiés provenant des archives centrales de la Fédération de Russie et des sources d'archives publiées, qui, entre 2003 et 2006, se sont retrouvées dans des collections de documents et de matériels dans lesquelles les auteurs ont joué le rôle de compilateurs.

Chapitre I
CONCESSIONS DE TRAVAIL

1.1. Construction et exploitation des chemins de fer

La première moitié du XIXe siècle a été marquée par l'apparition en Russie de la première concession, au sens classique du terme, dans une branche entièrement nouvelle de l'économie nationale - l'économie ferroviaire. Avec cette concession, le système des chemins de fer russes a commencé à prendre forme, et avec la même concession, le système des concessions russes lui-même a commencé à prendre forme.

L'histoire de la première concession ferroviaire russe est liée au plus grand événement historique de 1825, lorsque George Stephenson, un brillant mécanicien autodidacte, a mis en marche la première locomotive sur la première voie ferrée publique du monde, Stockton - Darlington en Angleterre. Déjà en 1834, le gouvernement russe s'est vu proposer un projet de création d'un réseau de chemins de fer en Russie avec l'aide de capitaux étrangers. En 1836, l'empereur Nicolas Ier a approuvé un règlement sur la fondation d'une société d'actionnaires "pour construire un chemin de fer de Saint-Pétersbourg à Tsarskoe Selo avec une branche à Pavlovsk". En 1838, le premier chemin de fer russe de 27 kilomètres de long a été mis en service1. La construction de la route a été supervisée par l'ingénieur autrichien Franz von Gerstner.

B.A. Landau a noté que "c'était la première concession ferroviaire en Russie" [13][14]. La société par actions établie, qui a reçu une concession pour la construction et l'exploitation, a principalement utilisé le produit de la vente d'actions à l'étranger pour mettre en œuvre le projet. Comme en témoigne le talentueux ingénieur russe et premier ministre des chemins de fer russes P.P. Melnikov, jusqu'à $^{4/5}$ du nombre d'actions de la compagnie de chemin de fer Tsarskoselskaya (soit environ 80%) appartenaient à des

---

[13] Voir : Kurys N.V. Foreign investments : Russian history (recherche juridique). - St. Petersbourg : Legal Center Press, 2003. C. 30.
[14] Landau B.A. Droit de concession de l'Union de la RSS ... C. 13.

étrangers1.

Les conditions de la première concession russe différaient de celles des suivantes. Tout d'abord, la concession était illimitée : la route, construite par l'entreprise, pouvait rester en service indéfiniment. Cependant, le gouvernement a permis à ses concurrents éventuels de construire une autre ligne de chemin de fer près de la route de Tsarskoselskaya après dix ans. Deuxièmement, la compagnie était autorisée à fixer les tarifs de voyage et de transport de manière indépendante. Mais comme le transport par le chemin de fer "non ferroviaire" existait, il est resté gratuit, cette circonstance concurrentielle a garanti le consommateur contre une croissance excessive des tarifs[1516] ferroviaires.

La concession devait produire un "effet multiplicateur" compte tenu des perspectives de développement du secteur ferroviaire dans le pays. Ainsi, le gouvernement a obligé la société à acheter du fer uniquement auprès de fabricants russes, mais uniquement lorsqu'ils avaient l'intention de le fournir à un prix qui ne dépasserait pas de 15 % le niveau du prix auquel le fer de fabrication étrangère était fourni à Saint-Pétersbourg. Si les producteurs russes de métaux n'acceptaient pas une telle restriction en pourcentage, l'entreprise recevait le droit d'importer du fer étranger en franchise de droits. Mais dans ce cas également, le gouvernement a imposé une condition selon laquelle le fer importé ne devait pas être utilisé à d'autres fins[1718]. Mais ces conditions n'ont pas été remplies dans la pratique4.

La concession a également reçu du gouvernement un avantage sous la forme d'-importations en Russie, en franchise de droits, de matériel roulant et d'autres -équipements, c'est-à-dire "de moteurs à vapeur, de voitures et d'autres machines nécessaires à la route"[1]. Le constructeur de la route de Tsarskoselskaya von Gerstner achète du matériel roulant et de l'équipement en Angleterre et en Belgique[1920].

[15] Voronin M.I., Voronina M.M., Kiselev I.P., Korenev L.I., Ledyaev A.P., Sukhodoev V.S. P.P. Melnikov - ingénieur, scientifique, homme d'État. - Saint-Pétersbourg : Humanistica, 2003. C. 207.

[16] Voir : Landau B.A.. Le droit de concession de l'Union des républiques socialistes soviétiques ... C. 14.

[17] Ibid.

[18] Voir : Kurys N.V. Foreign investments : Russian history (recherche juridique) .... C. 31.

[19] Cité par : Landau B.A. Droit de concession de l'Union de la RSS P..... 14.

[20] Bovykin V.I., Peters V. Belgian entrepreneurship in Russia // Entrepreneuriat étranger et investissements étrangers en Russie. - Moscou : Encyclopédie politique russe (ROSSPEN), 1997. C. 183.

La question de l'aliénation des terres pour la mise en œuvre de grands projets était et reste extrêmement importante. Dans le cas de la concession de Tsarskoïe Selo, elle a été résolue en accordant à une société privée les avantages d'une entreprise d'État, ce qui, soit dit en passant, est l'une des caractéristiques d'une concession. Concrètement, il s'agit d'accorder à l'entreprise tous les avantages des travaux publics, "comme si les travaux étaient exécutés directement par le gouvernement" [21].

Par conséquent, les terres de l'État, ainsi que les terres appartenant aux paysans de l'État, ont été attribuées gratuitement à la société. Le gouvernement s'est engagé à indemniser les paysans pour leurs terres perdues. Il ne s'agissait pas seulement de leur attribuer de nouvelles parcelles, mais aussi de les récompenser pour les pertes qui auraient pu résulter de l'échange. Quant aux propriétaires privés, il a été établi que s'ils n'acceptaient pas l'aliénation volontaire, suivie de l'aliénation obligatoire (forcée) de leurs terres lors d'une évaluation juridique. Afin de ne pas retarder les travaux de construction sur le terrain privé aliéné, l'entreprise a obtenu du gouvernement l'autorisation de - procéder sans attendre que le processus d'évaluation soit terminé. L'entreprise n'avait qu'à déposer auprès de l'organisme gouvernemental compétent une somme d'argent égale au prix auquel des parcelles similaires avaient été achetées dans les environs. À l'issue de l'ensemble du processus d'évaluation, l'entreprise était tenue de payer le montant total déterminé à la suite de l'évaluation[22].

Une telle procédure s'est révélée par la suite universellement acceptée, ce qui - indique la contribution de la concession de Tsarskoïe Selo à la formation d'un ensemble standard de droits et d'obligations des sujets du contrat de concession. Par exemple, en 1887-1888, les fondateurs du partenariat mixte russo-français ont demandé au ministère des transports une concession pour la construction du canal Volga-Don et ont demandé à l'agence de reconnaître le canal entre la Volga et le Don comme une construction d'importance nationale et de lui attribuer tous les droits et avantages des travaux publics. Il a également été suggéré de transférer gratuitement les terres du gouvernement et de l'armée de Voysk Don à l'association. Il a été suggéré de retirer les terres privées se trouvant sur le tracé du futur canal sur la base de lois sur l'aliénation des terres pour des

[21] Landau B.A. Droit de concession de l'Union de la RSS ... C. 14.
[22] Ibid. C. 14-15.

constructions d'État1.

Les conditions des concessions ferroviaires ont été affinées, modifiées et précisées. Tout d'abord, ils ont commencé à établir leurs conditions, après quoi les chemins de fer devaient être transférés à l'État par voie de rachat ou gratuitement. Ensuite, l'État (en tant que concesseur) a commencé à établir et à réglementer les tarifs ferroviaires, etc. Quant à la "concession Tsarskoselskaya", cette ligne de chemin de fer, en raison de sa vocation "judiciaire", n'apportait pas de dividendes, le taux de participation de la société était en baisse. L'expérience de la première construction de chemin de fer sous concession a été un échec, ce qui peut s'expliquer par des raisons objectives et subjectives : nouveauté et complexité technique de la branche et, par conséquent, inexpérience du personnel chargé de mettre en œuvre le projet.

Sous le règne de Nicolas Ier, le 1er février 1842, un décret gouvernemental a été pris pour construire la ligne de chemin de fer Saint-Pétersbourg-Moscou, qui a été baptisée "chemin de fer de Nicolas" le 8 septembre 1857. Sa construction a été très lente, et il n'a été mis en service que le 1er novembre 1851 avec des coûts de construction énormes[2324].

La construction des chemins de fer de Tsarskoselskaya et Nikolayevskaya s'est accompagnée d'une forte attraction de capitaux étrangers. Ainsi, le capital total de construction du chemin de fer de Nicolas a été formé à partir de quatre prêts de la banque de prêts, de prêts du Trésor de Saint-Pétersbourg et de Moscou, de billets du Trésor d'État et de cinq prêts étrangers. Pour chaque verst de la route, la somme de 200 000 roubles a été dépensée. La structure d'un coût "verst" énorme incluait le coût des matériaux étrangers fournis pour la construction, malgré l'ordre de Nicolas Ier, ministre des finances - d'utiliser exclusivement des matériaux russes. Mais les tentatives d'organiser en Russie l'entreprise de production de rails en acier se sont soldées par un échec. Le manque d'expertise technique est affecté. Ils ont dû être commandés à l'étranger1.

Avec toutes les évaluations existantes des résultats de la construction des chemins de fer russes, il semble erroné de penser qu'après la construction de la route de

[23] Bulatov V.V., Zagorulko M.M. Conduite d'eau principale Volga-Don-Azov Mer : concessions non réalisées ... C. 46.
[24] Voir : Kurys N.V. Foreign investments : Russian history (recherche juridique) .... C. 31-32.

Tsarskoselskaya, "l'activité ferroviaire s'est arrêtée à cette première expérience de construction privée infructueuse. C'est pourquoi la poursuite de la construction du chemin de fer (sous Nicolas Ier - *M.Z., V.B.*) *s'est faite aux* frais du Trésor public"[25][26].

Il faut écouter l'opinion autorisée de l'éminent homme d'État russe Sergey Yulievich Witte, qui a commencé sa carrière au département de la communication ferroviaire. Un expert des chemins de fer a fait valoir que la construction des chemins de fer de Tsarskoselskaya et Nikolayevskaya était basée sur l'idée d'une combinaison de construction privée et d'exploitation publique, que Nicolas Ier s'est efforcé de mettre en œuvre. Avec sa mort, elle "n'a pas eu le temps d'être diffamée, c'est-à-dire qu'il n'est pas encore apparu l'idée de la préférence de l'exploitation privée sur l'exploitation publique... ",» [27].

Witte a démontré la différence des formes économiques de construction et d'organisation de l'exploitation par l'exemple du chemin de fer d'Odessa, où il a commencé sa carrière dans les années 1870. À cette époque, dans le sud-ouest de l'État, il y avait une vaste construction ferroviaire dans les directions Odessa - Razdelnaya - Kishinev et Razdelnaya - Balta - Yelizavetgrad - Kremenchug. La construction des tronçons routiers Odessa - Razdelnaya et Razdelnaya - Balta a été dirigée par le baron Ungern-Sternberg qui entretenait des relations amicales avec Alexandre II. L'État a loué la construction des sections à la société privée du baron. Dès que le concessionnaire a achevé la construction d'un tronçon de route particulier, celui-ci a immédiatement été transféré pour exploitation à l'État (un département spécial spécialement organisé de l'exploitation des routes de l'État)·1

Ainsi, pendant la période initiale du service ferroviaire de Witte, l'idée de Nicolas Ier a continué à être mise en œuvre dans certains endroits : l'investisseur privé finance la construction et construit - l'État l'exploite. Il est évident que ce schéma de l'empereur anticipait l'émergence en Russie d'une forme de concession de crédit-contrats (crédit-construction).

Il est tout à fait remarquable que dans le rapport du gouvernement de l'URSS pour

---

[25] Kurys N.V. Investissements étrangers . C. 32.
[26] Ibid. C. 31.
[27] Mémoires de Witte S.Y. Mémoires : Vol. 3 - M. : Astra, Mn : Harvest, 2002. C. 107.

l'année économique 1928/1929, dans la liste des formes de travail dans le pays des capitaux étrangers, la forme de concession d'un ordre de crédit soit mentionnée. Il convient de noter d'emblée que le document ne faisait référence qu'à la participation des capitaux étrangers dans les concessions, compte tenu de la faiblesse des capitaux privés nationaux et de l'expansion de la politique de déplacement et de liquidation de ces derniers.

Selon le gouvernement soviétique, dans le cas d'une concession de crédit, "la société étrangère agit uniquement en tant qu'organisateur de l'entreprise, l'opération étant transférée à nos entreprises d'État, et les fonds dépensés par la société étrangère lui sont versés progressivement, en fonction des termes du contrat, la société étrangère recevant à la fois les bénéfices et les intérêts du prêt" [28][29]. Cet exemple et d'autres témoignent de l'utilisation de l'expérience pré-révolutionnaire dans la période soviétique de "l'histoire des concessions russes".

Compte tenu du raisonnement de S. Witte, on peut supposer que des entreprises privées ont financé la construction de la deuxième ligne de chemin de fer russe (future Nikolaevskaya) et ont mis en concession certains tronçons de la ligne Saint-Pétersbourg-Moscou, et qu'à l'issue de la construction, elles les ont mis en exploitation par l'État. C'est-à-dire qu'une société privée a immédiatement aliéné l'objet construit à l'État sans qu'il soit en exploitation concessionnaire, contournant ainsi la période de compensation (remboursement) du capital investi.

La construction de chemins de fer a donné une impulsion et a nécessité le développement d'industries connexes. L'industrialisation des régions, à son tour, a - encouragé la création d'un vaste réseau de chemins de fer, qui avait non seulement une importance économique, mais aussi la plus grande importance militaire et stratégique. Comme l'a montré la triste expérience de la guerre de Crimée (1853-1856), le manque de routes a eu de graves conséquences sur le déroulement et l'issue de la campagne militaire.

Les autorités russes ont consciemment suivi les tendances du développement économique mondial, observant la croissance rapide du transport ferroviaire dans tous

---

[28] Mémoires de Witte S.Y. Mémoires : Vol. 3. C. 107.
[29] Year of the Government (documents pour le rapport de 1927/28) / édité par N.P. Gorbunov, A.V. Stoklitsky et S. M. Bronskiy. - Moscou : Département de la presse et de l'information de l'URSS SNK et de l'OTS, 1929. C. 355.

15

les pays capitalistes dans la seconde moitié du XIXe siècle. Ce n'est que de 1860 à 1870 qu'environ 100 000 kilomètres ont été construits dans le monde entier, dont plus de 50 000 en Europe. La construction de chemins de fer est devenue le facteur le plus important du progrès économique. Elle a contribué à améliorer l'agriculture, à promouvoir les - échanges commerciaux internationaux, à garantir une demande énorme de métaux, de charbon et de matériaux de construction, à stimuler le taux de croissance de l'industrie lourde et à contribuer à une "concentration sans précédent de la richesse capitaliste"[30].

Depuis les années 60 du XIXe siècle, le rythme de la construction ferroviaire en Russie s'est intensifié et a été qualifié par les chercheurs de "fièvre ferroviaire", de "fièvre des concessions" ou de "miracle ferroviaire". A la fin du siècle, la Russie posait en moyenne 2,6 mille verstes de rails par an, alors qu'en 1899, elle en posait 4 692, ce qui est un grand nombre même selon les normes actuelles[1].

Le 26 janvier 1857, par l'édit de l'empereur Alexandre II, la "Société principale des chemins de fer russes" a été fondée avec la participation de financiers étrangers. La charte de cette société a été appelée la première concession ferroviaire russe par le célèbre spécialiste russe des chemins de fer A.A. Borzenko, et sa partie constitutive - "Règles pour la construction du premier réseau de chemins de fer en Russie" - les conditions de cette concession, qui correspondaient aux conditions similaires des concessions françaises[31][32].

Par le terme "concession", A.A. Borzenko entendait un acte spécial de nature législative, qui contenait les conditions de la concession. Cela signifie que l'auteur parlait de la première concession officiellement enregistrée en Russie, qui a été approuvée par l'empereur le 26 janvier 1857. Cette tradition de la pratique russe en matière de concession, lorsque la concession est formalisée par l'approbation du statut d'une société par actions répondant à des conditions strictement définies, s'est également poursuivie sous le pouvoir soviétique[33].

Le gouvernement de l'empereur Alexandre II a tenu à ce que les étrangers

[30] Voir : Pogrebinsky A.P. Essais sur la finance dans la Russie pré-révolutionnaire (XIX-XX siècles) : Monogr.
- Réédition avec modifications et ajouts / Volgograd. Université technique d'État. - Volgograd. 2000. C. 144.
[31] Cité par : Kurys N.V. Investissements étrangers : histoire de la Russie (recherche juridique) .... C. 33.
[32] Ibid.
[33] Archives d'État de la Fédération de Russie (ci-après GARF). F. R-8350. Opt. 1. Д. 464. Л. 82.

participent à la construction des chemins de fer afin de "profiter de l'expérience considérable acquise dans la construction de plusieurs milliers de chemins de fer en Europe"[34]. L'utilité de la politique économique tsariste est confirmée par les propos de A.A. Borzenko sur la conformité de la concession de la "Compagnie principale des chemins de fer russes" avec les conditions des concessions ferroviaires françaises et par la mention de Witte selon laquelle des capitalistes et des ingénieurs français étaient à la tête de la compagnie1.

Cependant, les fondateurs de la société et ses principaux actionnaires n'étaient pas seulement les Français, comme les frères Pereira et leur banque Credit Mobil. Parmi les fondateurs-investisseurs figuraient le banquier allemand Mendelssohn, les frères britanniques Bering, les milieux d'affaires de Saint-Pétersbourg représentés par le baron A.L. Stieglitz et d'autres, et Isaac Pereira, qui était le directeur du chemin de fer Paris-Lyon, dirigeait alors les actionnaires[3536].

La Société avait un vaste programme de construction ferroviaire, assurant la connexion des régions céréalières du pays avec les rivières navigables et les ports des mers Noire et Baltique, ainsi que la connexion de 26 provinces de Russie et de ses trois capitales - Saint-Pétersbourg, Moscou et Varsovie[37] - avec un réseau de chemins de fer. "Pendant 10 ans, la Compagnie générale des chemins de fer russes devait construire 4 lignes de 3900 versts : Saint-Pétersbourg - Varsovie, Moscou - Nijni Novgorod, Moscou - Fiodosie, Orel (ou Koursk) - Libava[38].

Par décision du gouvernement, le chemin de fer Nikolaïevskaïa a été transféré pour exploitation à la "Société principale des chemins de fer russes", c'est-à-dire que des entrepreneurs privés ont repris l'utilisation du chemin de fer d'État. Selon S. Witte, au début du règne d'Alexandre II, "le principe de l'exploitation de l'État a commencé à être traité négativement"[39]. Mais il n'a pas été question de privatiser la propriété de l'État.

[34] Cité par : Pogrebinsky A.P. Essais sur la finance dans la Russie pré-révolutionnaire. C. 145.
[35] Voir : Mémoires de Witte S.Y. Mémoires : Vol. 3. C. 111.
[36] Pogrebinsky A.P. Esquisses des finances de la Russie prérévolutionnaire ... C. 145 ; Kurys N.V. Foreign investments : Russian history (legal research) ... C. 34.
[37] Bessolitsyn A.A., Kuzmichev A.D. Histoire économique de la Russie. Essais sur le développement de l'esprit d'entreprise. Tutoriel. - Volgograd : Institut d'économie, de sociologie et de droit de Volgograd, 2001. C. 88.
[38] Voir : Kurys N.V. Foreign investments : Russian history (recherche juridique) .... C. 33.
[39] Mémoires de Witte S.Y. Mémoires : Vol. 3. C. 111.

Pour être plus précis, la route d'État était prévue pour l'exploitation de concessions, ce qui en soi est devenu un précédent historique dans l'histoire russe des concessions.

"En général," note N.V. Kurys, "le développement du secteur ferroviaire est une lutte de principes privés et étatiques pour le financement de la construction et de l'exploitation"[1]. Même au sommet de la pyramide du pouvoir russe, les priorités ont changé de temps en temps, en fonction des principes économiques de la personne régnante. Ainsi, si Nicolas Ier était enclin au principe de l'exploitation des routes publiques, ne rejetant pas l'idée de transférer leur construction aux particuliers, alors Alexandre II a cherché à faire passer en mains privées à la fois la construction et l'exploitation. L'empereur Alexandre III a essayé de concentrer tous les travaux ferroviaires dans les mains de l'État, tandis que Nicolas II a soutenu le principe de la gestion mixte des chemins de fer.

Premier responsable du ministère des chemins de fer, créé en 1862, P.P. Melnikov préconise la combinaison des deux principes - public et privé. Dans son ouvrage "Moyens d'organiser le système des chemins de fer en Russie", il a analysé la diversité des pratiques étrangères. Melnikov a déclaré que les chemins de fer, en tant qu'entreprises d'intérêt public, étaient construits soit par le gouvernement (Belgique et une partie de l'Allemagne), soit par des sociétés par actions avec participation du gouvernement (France, une partie de l'Allemagne et les États-Unis), soit par des sociétés par actions sans participation du gouvernement (Grande-Bretagne).

À en juger par l'expérience des États susmentionnés, la construction et l'exploitation des routes exclusivement par l'État étaient plus coûteuses que par des capitaux privés. Toutefois, dans les pays où la forme par actions de l'entreprise privée n'a pas encore été développée de manière adéquate, il est impossible de créer un système étendu de chemins de fer sans l'aide du gouvernement. La manière la plus efficace de réaliser les grandes entreprises était une combinaison des deux principes[40][41], ce qui était le plus facilement réalisable dans une concession accordée à une société par actions.

Dans ce cas, l'entreprise privée utilise ses avantages pour construire et exploiter au moindre coût, et le gouvernement contribue à "l'impuissance" des entreprises privées en

[40] Kurys N.V. Investissements étrangers : histoire de la Russie (recherche juridique) ... C. 34.
[41] Voir : Voronin M.I. et al. P.P. Melnikov - ingénieur, scientifique, homme d'État ... C. 203.

18

soutenant les entreprises soit en apportant son investissement dans leur capital, soit en leur accordant des prêts, en leur fournissant le rendement le plus faible, mais garanti, du capital investi. C'est ainsi, comme le soutient P.P. Melnikov, que la plupart des chemins de fer des États-Unis et une grande partie des grands axes routiers d'Europe ont été - construits.

Melnikov pensait qu'en Russie, les entreprises privées ne pouvaient pas compter sur le succès de la création de grandes entreprises sans l'aide de l'État. Le pays manquait de capitaux libres et il y avait un "manque d'éducation" parmi les propriétaires de capitaux, qui étaient principalement des représentants de la classe marchande, qui ne pouvaient pas techniquement évaluer correctement la rentabilité de l'entreprise. En outre, le monde des affaires russe de cette période était caractérisé par l'absence de "développement de l'esprit d'association et de confiance mutuelle pour les entreprises importantes en actions"[42] .

Cependant, le gouvernement russe ne pouvait pas commencer la construction et l'exploitation de grandes entreprises ferroviaires uniquement sur des fonds publics. Dans ces années-là, la puissance impériale était chargée de résoudre les questions militaires les plus importantes, ce qui, soit dit en passant, a confirmé une fois de plus qu'un système ferroviaire développé était un moyen fiable de prospérité économique de la Russie et d'assurer sa sécurité.

Dans des circonstances aussi extraordinaires, selon Melnikov, il était nécessaire de procéder immédiatement à l'aménagement des lignes principales des chemins de fer en tant qu'"entreprise populaire", impliquant le crédit public, le capital privé et le travail du travailleur. Avec quelques phrases pathos de cette époque, Melnikov a insisté pour que "ces trois commencements, en entrant dans les affaires avec une confiance mutuelle totale, bénéficient également des avantages monétaires de l'arrangement des chemins de fer dans la mesure où chacun d'eux participe à l'exécution de cette entreprise nationale"[1].

Et puis le ministre a décrit le projet de société par actions "mixte" avec la participation de capitaux privés et publics, a parlé de la conception d'une entreprise privée-état solide sous la forme d'une concession dite "mixte". Il a proposé de créer une

[1] Voronin M.I. et al. P.P. Melnikov - ingénieur, scientifique, homme d'État ... C. 203204.

grande entreprise dans les conditions suivantes : le gouvernement garantissait 4% du rendement le plus bas sur le capital investi dans l'aménagement du principal système ferroviaire russe et participait à $_{1/3}$ du capital de l'entreprise ; dans la même proportion, le gouvernement participait à la gestion des travaux et à la direction de l'exploitation[43][44].

Bien que l'"'entreprise populaire" Melnikov n'ait pas eu lieu, au début des années 1880, Moscou était reliée aux régions agricoles éloignées et aux principaux centres commerciaux de l'État - Nijni Novgorod, Voronej, Kharkov, Kiev, Rostov-sur-le-Don, etc. D'autres lignes de chemins de fer construits étaient dirigées vers les ports de la mer Baltique, de la mer Noire et de la mer d'Azov : Riga-Tsaritsyn, Libava-Romenna, Kiev-Kenigsberg, Odessa, Kharkov-Mykolaev, Kharkov-Taganrog, Voronej-Rostov, Sébastopol[45]. Dans l'ensemble, la construction de routes a formé l'infrastructure du marché russe, a amélioré la qualité et augmenté le commerce, a surmonté l'insularité de l'économie paysanne de subsistance, renforçant son orientation vers les produits de base, encourageant une productivité accrue[46].

Les chemins de fer et la croissance des produits agricoles de base ont aidé la Russie à percer sur le marché mondial en tant que fournisseur de pain, ce qui a défini sa "niche" dans l'économie mondiale. Si en 1860-1870 le marché intérieur recevait de 500 à 700 millions de crottes de pain, dans les années 1890 - déjà plus d'un milliard de crottes. Et si en 1861-1866, elle exportait 80 millions de caniches en moyenne, en 1896-1900 - déjà 444 millions de caniches. Ainsi, en 40 ans, le volume des exportations de céréales a été multiplié par 5,51.

Les chemins de fer ont eu un impact encore plus important sur le développement industriel, comme le montre la structure du chiffre d'affaires du fret ferroviaire, qui a montré une augmentation de la part du fret industriel et une réduction de la part du fret de pain. Alors qu'au milieu des années 1870, le pain représentait plus de 40 % du fret, sa part est tombée à 21 % au début des années 1890. La croissance de l'industrie lourde et l'afflux de capitaux étrangers dans cette industrie étaient en corrélation directe avec la

[43]Voronin M.I. et al. P.P. Melnikov - ingénieur, scientifique, homme d'État ... C. 204.
[44]Ibid.
[45]Voir : Essais de Pogrebinsky A.P. sur la finance dans la Russie pré-révolutionnaire.... C. 161.
[46]Voir : Cheremisinov G. A. L'entrepreneuriat d'État dans l'économie nationale : la préhistoire du calcul économique. - Saratov, 1995. C. 10.

croissance du réseau ferroviaire[4748].

La période allant du début des années 1860 au début des années 1880 s'est avérée être l'apogée de la construction de chemins de fer en concession. De 1866 à 1880, la Russie a accordé 53 concessions ferroviaires pour la construction de 15 000 verstes[49] de routes. Selon les statistiques russes, en 18611880, l'Etat a commandé 1.204 versts de chemins de fer, et des sociétés privées ont ouvert 18.540 versts de voies pour le trafic au cours des mêmes années (voir tableau 1).

Tableau 1

Construction des chemins de fer en Russie en 1841-1913, versts

Années	Construit par le Trésor public	Construit par des entreprises privées	Total
1841-1860	954	513	1 467
1861-1870	1 147	7 451	8 598
1871-1880	57	11 089	11 146
1881-1890	5 023	2 349	7 372
1891-1900	7 750	11 272	19 022
1901-1909	7 542	3 678	11 220
1910-1913	2 267	2 688	4 955
Total :	24 740	39 040	63 780

Calculé à partir de : hemisinov G. A. Entrepreneuriat d'État dans la Fédération de Russie économie : préhistoire du calcul économique. - Saratov, 1995. C. 9.

Selon les statistiques russes, 39 mille 40 versts de chemins de fer ont été ouverts au trafic en 1841-1913 pour le compte de concessionnaires de chemins de fer. Le Trésor public a commandé 24 mille 740 verstes pendant la même période. Ainsi, la part des concessionnaires était de 61,2 %, tandis que celle du trésor public était de 38,8 %. D'ailleurs, il est comparable au pourcentage, qui a été formé en 1914, du capital total des chemins de fer communs. Il a été constitué avec 63% des fonds obtenus au moyen de prêts obligataires garantis par l'État, et 37% des fonds provenaient du Trésor public.

Alors que la situation financière de la Russie se renforçait, le gouvernement a commencé à envisager la possibilité de concentrer l'ensemble du secteur ferroviaire dans les mains de l'État. Un facteur subjectif - les principes personnels du nouvel empereur Alexandre III - a également joué un rôle important. C'est sous son règne que l'idée de

[47]   Voir : Bessolitsyn A.A., Kuzmichev A.D. Histoire économique de la Russie. Essais sur le développement de l'esprit d'entreprise ... C. 97.
[48]Pogrebinsky A.P. Esquisses des finances de la Russie prérévolutionnaire ... C. 161.
[49]Bessolitsyn A.A., Kuzmichev A.D. Histoire économique de la Russie. Essais sur le développement de l'esprit d'entreprise. C. 89.

l'importance des chemins de fer pour l'État a été établie. Elle a pratiquement exclu la possibilité de construction et surtout d'exploitation des chemins de fer par des sociétés privées qui, selon S.Y. Witte, "poursuivent fondamentalement non pas les idées de l'État, mais les idées des intérêts privés"[1].

Sous le règne d'Alexandre III, lorsque Witte occupait le poste de ministre des chemins de fer, puis celui de ministre des finances, il y eut une "révolution complète dans les chemins de fer". Premièrement, l'État a commencé à racheter des chemins de fer privés, et deuxièmement, le Trésor public a commencé à jouer un rôle important dans la construction de nouveaux chemins de fer[50][51]. Les données des mêmes statistiques russes pré-révolutionnaires nous renseignent sur l'évolution du rapport des forces dans la construction ferroviaire. Comme le montre le tableau 1, dix ans avant l'ascension au trône d'Alexandre III, en 1871-1880, le Trésor n'a commandé que 57 versets de chemins de fer, alors que les entreprises privées en ont commandé 11 mille 89. En 1881-1890, le Trésor public a construit 5 mille 23 versts, les entreprises privées - 2 349 versts.

Ici, le renforcement du rôle de l'État dans l'économie ferroviaire russe a été sérieusement influencé par le facteur subjectif. Il est nécessaire de se référer à nouveau aux principes personnels d'Alexandre III, qui, selon Witte, "ne pouvait qu'être choqué par un tel état de choses, qu'un royaume spécial fut créé dans l'État - les royaumes des chemins de fer - où régnaient de petits rois des chemins de fer comme Polyakov, Blioh, Kronenberg, Gubonin, etc.

Il est probable que la même impression choquante a été faite sur l'empereur par un incident qui a eu lieu à Gatchina dans la deuxième année de son règne. Après la réception, les invités d'Alexandre III sont partis à la gare, où un train spécial les attendait. Mais au lieu de cela, un autre "train très léger" attendait devant le quai, avec pour seuls passagers le sénateur Alexandre Polovtsev, sa femme et quelques connaissances. Polovtsev était à l'époque le président du conseil d'administration et l'actionnaire principal de la "Compagnie principale des chemins de fer russes". "Sous le nez de tous" Polovtsev et ses compagnons sont partis, retardant l'arrivée du train pour les invités du tsar, qui ne sont restés que pour observer tout ce qui se passait. Witte a commenté l'incident : "Il est

---

[50] Mémoires de Witte S.Y. Mémoires : Vol. 3. C. 505.
[51] Ibid.

évident que ce genre d'action de la part de Polovtsev était au moins très maladroit. Comme la Société principale des routes russes était, on peut le dire, presque dans sa poche, il considérait qu'il était possible d'agir de manière si impolie, voire simplement impudente[52][53]

De par sa nature, Alexandre III ne pouvait tolérer "un luxe excessif" et "un jet d'argent excessif". Sa vie était assez modeste, voire ascétique. Selon les contemporains, l'empereur a réagi de manière extrêmement négative aux abus qui ont eu lieu dans les affaires de diverses concessions, banques et sociétés industrielles, qui étaient également "attachées" à divers fonctionnaires du gouvernement. En son temps, la formation de sa psychologie, la psychologie du tsésarévitch Alexandre Alexandrovitch de l'époque, a été clairement affectée par le comportement sans scrupules de la princesse Ekaterina Yourievskaïa - épouse morganatique de son père, qui, acceptant des cadeaux de divers hommes d'affaires, demandait des concessions au souverain1.

Autrement dit, l'attitude d'Alexandre III envers les concessionnaires n'était manifestement pas bienveillante. De plus, nous parlons de capitalistes nationaux, russes, etc. Si l'on parle des entrepreneurs étrangers, qui cherchaient à faire des concessions en Russie, l'attitude de l'empereur, qui avait une réputation non pas tant de slave que de russophile, ne leur était pas entièrement favorable. Selon les étrangers, la montée sur le trône d'Alexandre III "n'a fait que renforcer l'aversion traditionnelle des Russes envers les marchands et les capitalistes étrangers[54][55].

Par exemple, en 1889, le secrétaire de la mission diplomatique américaine à Saint-Pétersbourg a conseillé à un homme d'affaires de Boston de ne pas faire d'efforts pour obtenir une concession pour la construction d'un oléoduc dans le Caucase. Le diplomate a déclaré sans équivoque : "À mon avis, ce sera une entreprise sans espoir, car je ne crois pas que cette concession sera accordée par le gouvernement impérial, dont la politique est d'empêcher les étrangers d'utiliser les entreprises commerciales et industrielles"[56].

[52] Mémoires de Witte S.Y. Mémoires : Vol. 3. C. 506.
[53] Ibid. C. 506-507.
[54] Mémoires de Witte S.Y. Mémoires : Vol. 3. C. 526, 531.
[55] Queen, G.S. Wharton Barker and Concessions in Imperial Russia, 1878-1892 // The Journal of Modern History. Vol. 17. Numéro 3. Septembre 1945. P. 202.
[56] Cité par Queen, G.S. Op. cit. P. 202.

L'attitude de la haute direction du pays à l'égard de la participation des - entrepreneurs privés, notamment étrangers, à la construction des chemins de fer à la fin du XIXe - début du XXe siècle se manifeste le plus clairement dans la construction du chemin de fer sibérien de 6,5 mille verstes de long, qui était d'une importance capitale pour la Russie. Elle a joué un rôle décisif dans toutes les constructions publiques dans les années 1890, bien que, il faut le noter, ses premiers projets datent de la période préréforme. Cependant, ce n'est qu'au début des années 1870 qu'Alexandre II a créé une commission spéciale pour déterminer la direction de la route1.

La mise en œuvre pratique du projet a commencé sous Alexandre III, qui, selon les souvenirs de S.Y. Witte, "parlait constamment de la construction du chemin de fer", et cette idée était "profondément ancrée en lui". En fait, juste après la nomination de Witte au poste de ministre des chemins de fer en février 1892, Alexandre III a exprimé "son désir, son rêve de construire un chemin de fer de la Russie européenne à Vladivostok"[57][58].

Cependant, le projet de construction du chemin de fer sibérien a commencé à passer à la phase pratique un peu plus tôt. L'ingénieur P.E. Gronsky, membre de la Société pour la promotion de l'industrie et du commerce russes, a rapporté qu'en 1887, après que les gouverneurs généraux d'Irkoutsk et de Priamursk aient présenté des demandes appropriées, le gouvernement a fourni 500 000 roubles pour des travaux de recherche sur les sections Tomsk-Irkoutsk, Baïkal-Sretensk et Vladivostok-Ussuri. Durant l'été 1888 et en partie en 1889, trois expéditions du ministère des voies de communication, auxquelles participaient également des officiers d'état-major, ont - travaillé en Sibérie. A l'époque, il était possible d'effectuer des relevés et des reconnaissances pour 3 000 verstes [59].

Le 17 mars 1891, Alexandre III chargea le gouvernement de commencer la - construction du plus long chemin de fer du monde. Le début de la construction du chemin de fer était directement lié au futur empereur Nicolas II, puis à Tsesarevitch Nicolas Alexandrovitch. Le 19 mai 1891, l'héritier du trône a personnellement posé la première

[57] Pogrebinsky A.P. Essais sur l'histoire des finances de la Russie pré-révolutionnaire ... C. 168-169.
[58] Mémoires de Witte S.Y. Mémoires : Vol. 3. C. 562.
[59] Gransky P.E. How to build the Siberian railway : report at the meeting of the Society for the Promotion of Russian Industry and Trade. - B.m. : Znamenskaya printing-lit. C. F. Yazdovsky, (vers 1891). C. 1.

pierre de la fondation de la gare de Vladivostok et a commencé la construction de la ligne d'Ussurian (dans le cadre du Transsibérien) allant de Vladivostok à Khabarovsk. D'ailleurs cette direction reflétait qu'à cette époque il n'y avait pas encore d'idée de mener la Grande Voie Sibérienne directement à Vladivostok via le territoire chinois. En mars 1891, la construction de comptoirs a commencé dans le sud de l'Oural à partir de Tcheliabinsk[60]. Ainsi, d'un point de vue historique, le Transsibérien est considéré comme l'itinéraire Vladivostok - Tcheliabinsk.

Enfin, la construction du Transsibérien s'est achevée en 1916 avec la mise en service de la ligne de l'Amour qui a été construite entre 1908 et 1916. Mais en fait, la circulation régulière le long du Transsib a été ouverte en 1903 et la connexion continue de Vladivostok avec Petersburg, Moscou et toute l'Europe a été en 1904 avec la mise en service du chemin de fer Circum-Baikal. Le retard dans la construction de la ligne de l'Amour a été causé par la concession du gouvernement chinois aux Russes en 1896 pour la construction et l'exploitation de la East China Railway, qui a été mise en service en 1901. Cette concession a permis d'accélérer la réalisation de l'idée de relier l'Extrême-Orient russe à la Russie européenne, mais elle présentait un inconvénient fondamental : cette section du Transsibérien passait par un territoire étranger. Il était donc nécessaire de construire le chemin de fer de l'Amour afin de relier la Grande Voie sibérienne à la terre russe également, devenant ainsi une propriété unie et indivisible de la Russie.

Rappelant le projet de transport le plus grandiose de l'histoire de l'État, S. Witte a affirmé que "cette grande entreprise a été réalisée grâce à mon énergie, bien sûr, soutenue d'abord par l'empereur Alexandre III, puis par l'empereur Nicolas II". Cependant, l'idée même de cette entreprise n'a pas toujours obtenu le soutien de certains membres de l'échelon supérieur du pouvoir russe. Ce n'est pas un hasard si en 1892, après seulement quelques mois comme ministre des chemins de fer, Witte a été nommé ministre des finances, ce qui a été une manœuvre tactique extrêmement réussie de l'empereur. Grâce à cette nomination, Witte a pu "faire avancer" la construction de la route sibérienne - particulièrement rapidement, car "l'essentiel était l'argent". Witte pensait que s'il était resté ministre des chemins de fer, il aurait toujours rencontré un certain retard de la part

---

[60] См. : Queen, G.S. Wharton Barker et les concessions dans la Russie impériale ... P. 205.

du ministre des finances. "En devenant ministre des finances, a-t-il rappelé, et, d'une part, ayant le commandement du souverain et son testament pour accomplir cette grande œuvre, pour la mener à terme, je me suis certainement donné à cette affaire de tout mon cœur et de tous les moyens que moi seul pouvais donner pour cette affaire, j'ai donné"[1].

L'étape suivante, qui visait également à accélérer le processus de mise en œuvre du projet, a été la création en 1893 d'un comité spécial des chemins de fer sibériens doté de pouvoirs extrêmement puissants qui ont permis d'éviter diverses procédures longues lors de l'examen des questions relatives à la construction du chemin de fer par les ministres, le Comité des ministres et le Conseil d'État. Ces autorités ont permis au comité routier sibérien non seulement de gérer la construction, mais aussi de prendre des - décisions législatives sur les questions de construction. Ceci a été réalisé grâce à une proposition très sournoise de Witte, soutenue par Alexandre III. La question portait sur un candidat au poste de président du Comité. Le ministre de l'Intérieur, I. N. Durnovo, a alors conseillé à l'empereur de nommer comme président Alexandre Abaza, qui était alors membre du Conseil d'État, mais Alexandre s'est opposé à sa candidature, même s'il a reconnu l'homme intelligent et énergique [61][62].

Dans cette situation, Witte a proposé pour le poste de président la candidature de Tsesarevitch Nicolas, et pour le poste de vice-président le chef du gouvernement russe, N.K. Bunge, qui, soit dit en passant, était un enseignant de l'héritier du trône. Après quelques hésitations, l'empereur accepta[63]. La nomination de Tsesarevich Nicholas à la présidence du Comité des routes de Sibérie ne signifie pas que "l'auguste président a joué un rôle essentiellement décoratif dans ce[64] domaine.

Tout d'abord, pour le futur empereur, la gestion directe du comité sibérien était une sorte d'école de conduite des affaires publiques. Deuxièmement, selon des témoins, Cesarevitch a commencé à remplir volontairement ses fonctions, dans ce que S. Witte a même vu une sorte de "destin", c'est-à-dire que le destin de lui-même comme s'il était lié aux Tsesarevitch d'Extrême-Orient. Il y a eu le voyage de Nicolas au Japon, où sa vie a été mise à mal, et sa participation personnelle à la pose des fondations de la gare de

[61] Mémoires de Witte S.Y. Mémoires : Vol. 3. C. 563.
[62] Ibid. C. 564-565.
[63] Ibid. C. 565-566.
[64] Pogrebinsky A.P. Essais sur l'histoire des finances de la Russie pré-révolutionnaire ... C. 169.

Vladivostok et au début de la construction de la ligne d'Ussuriysk, etc. Et, bien sûr, Nicolas ne pouvait manquer d'être impressionné par son retour de Vladivostok à travers toute la Sibérie, accompli sur des chevaux de la poste. "Il inclinait sa tête, son esprit et ses sentiments vers l'Orient, et de plus vers l'Extrême-Orient, plutôt que vers le Proche-Orient et l'Occident." Et après son accession au trône en 1894, l'empereur Nicolas II a continué à diriger le Comité sibérien "et s'est toujours intéressé à cette affaire"[1].

Il est évident que le Comité des chemins de fer sibériens est devenu une sorte de "Commission extraordinaire" du début du siècle, qui a concentré les énormes ressources administratives et financières de l'Empire russe. Witte a souligné que la présence du tsesarevitch, et plus tard de l'empereur, en tant que président, était une garantie de la mise en œuvre du projet dans un délai relativement court, car la monarchie (au moins, jusqu'en 1905) était illimitée. C'est pourquoi les décisions du Comité sibérien ont acquis la signification d'un acte législatif, car lorsque le Comité s'est adressé à l'organe législatif de l'Empire russe, le Conseil d'État, toutes les questions avaient déjà été examinées et prédéterminées par le tsar lui-même[6566].

Ainsi, avec la participation directe du pouvoir suprême et la concentration d'énormes ressources financières, la réalisation du gigantesque projet pourrait être confiée exclusivement à l'État. Malgré cela, on peut trouver dans la littérature scientifique une déclaration selon laquelle le Transsibérien est un exemple classique de projets mis en œuvre à l'aide de contrats[67] de concession.

Pour être précis, un seul tronçon du Transsibérien - le East China Railway - a été créé avec l'aide de la concession. Elle n'a pas pu être prise en compte du tout, compte tenu de la mise en service du chemin de fer de l'Amour - cette "alternative russe" à la CEL. Bien qu'il soit nécessaire de noter qu'il y avait une possibilité de concéder au capital privé la construction et l'exploitation d'une énorme section du chemin de fer transsibérien.

Au cours des années 1880, l'État a construit un certain nombre de routes d'une importance économique et militaro-stratégique cruciale. En 1884, le chemin de fer - Ekaterininskaya a été lancé, reliant le bassin houiller de Donetsk aux centres industriels

[65] Voir : Mémoires de Witte S.Y. Mémoires : Vol. 3. C. 566-572.
[66] Ibid. C. 567-568.
[67] Voir : Zvorykina Y. Concessions d'État et municipales en Russie. - Moscou : Sovremennaya ekonomika i pravo, 2002. C. 64.

russes. En 1881-1886 a été construit le chemin de fer transcaspien. Pendant toute la décennie, des chemins de fer polonais et la ligne Pskov-Riga ont été construits.

L'idée de concentrer la nouvelle construction ferroviaire entre les mains de l'État a eu des partisans influents au sein du gouvernement, tant sous Alexandre II que sous son successeur. Ainsi, en janvier 1881, peu avant la mort d'Alexandre II, le ministre des finances de l'époque, A.A. Abaza, lors d'une réunion du Comité des ministres, a souligné la nécessité de transférer la construction des chemins de fer aux mains de l'État et de racheter certaines routes privées. A son tour, le ministre de la Guerre, le général P.S. Vannovsky, après avoir analysé le déroulement de la guerre russo-turque, a soumis à Alexandre III un programme de construction étatique de routes stratégiques, comprenant la construction et le renforcement des routes dans les provinces occidentales de la Russie, la connexion des routes transcaucasiennes avec la Perse et la construction de l'autoroute sibérienne pour renforcer la position de la Russie en Extrême-Orient. D'ailleurs, les chemins de fer polonais susmentionnés faisaient partie de la construction militaro-stratégique[1].

En 1882-1900, le gouvernement a également acheté à des sociétés privées environ 20 000 verstes de lignes[68][69] exploitées. À partir de 1882, le gouvernement a racheté les compagnies de chemins de fer Riachsko-Morchanskaya, Kharkovo-Nikolaïevskaya, Baltiyskaya, Tambovo-Saratovskaya, Uralskaya, Libava-Romenskaya, Tambovo-Kozlovskaya, Moscow-Yaroslavsko-Arkhangelskaya, Moscow-Kurskaya, South-Western et d'autres. Au début du XXe siècle, 16 des 50 000 versets du chemin de fer étaient restés entre les mains de sociétés privées. Ainsi, le Trésor public possédait les $2/3$ du réseau[70] ferroviaire russe.

Mais ayant déjà obtenu son avantage sous Nicolas II, l'État ne cherche plus à monopoliser le secteur ferroviaire dans le pays. Le 22 avril 1897, le Comité des Ministres russe, après avoir écouté les arguments du Ministère des Finances, dirigé par S.Y. Witte, a accepté d'appliquer le système des chemins de fer mixtes. Cette discussion a été la quatrième depuis 1862 et la dernière à porter sur les avantages de la construction et de

---

[68] Pogrebinsky A.P. Esquisses des finances de la Russie prérévolutionnaire ... C. 167-168.
[69] Cheremisinov G.A. Entrepreneuriat d'État dans l'économie nationale ... C. 14.
[70] Voir : Essais de Pogrebinsky A.P. sur la finance dans la Russie pré-révolutionnaire.... C. 171-174.

l'exploitation privées et publiques, et chaque fois le débat sur les avantages a été résolu sur la base de considérations pratiques. Le système de gestion mixte avec des éléments de chemin de fer centralisés a fait ses preuves au début du XXe siècle[71]. En fait, le 22 avril 1897, ce qui avait été suggéré par Nicolas Ier et propagandé par P.P. Melnikov - combinaison de principes publics et privés dans la construction et l'exploitation des chemins de fer - a eu lieu.

La croissance économique prolongée qui a débuté en Russie à la fin du XIXe siècle était associée à la reproduction de biens d'équipement de base (moyens de production), fonctionnant pendant des décennies et nécessitant beaucoup de temps et des coûts extraordinaires pour leur création, tels que les chemins de fer, les canaux, les ports, les grandes structures et les installations industrielles gigantesques. La priorité a été donnée aux secteurs du complexe d'investissement (industrie de la construction, construction de machines, métallurgie, etc.)[1] qui ont absorbé d'énormes injections financières.

Ce sont eux qui ont fourni les matériaux et les équipements nécessaires à l'expansion du réseau ferroviaire et à la construction d'installations supplémentaires dans d'autres industries, augmentant ainsi la capacité du complexe d'investissement lui-même. La construction ferroviaire à grande échelle a créé une demande "sans dimension" de main-d'œuvre, de matériaux, de carburant, etc. L'afflux de ressources en main-d'œuvre a été stimulé par une augmentation des salaires. À leur tour, l'augmentation des revenus et les besoins de la population ont fait grimper les prix à la consommation, ce qui a créé des conditions favorables aux industries produisant des biens de consommation. La prospérité durable de l'industrie était assurée par la politique économique du gouvernement[72][73].

1.2. Expérience de la garantie d'État des actions et des obligations

La création de la "Compagnie principale des chemins de fer russes" en 1857 avait une caractéristique importante - le gouvernement garantissait le paiement des intérêts sur

[71] Kurys N.V. Investissements étrangers : histoire de la Russie (recherche juridique) ... C. 34.
[72] Cheremisinov G.A. Entrepreneuriat d'État dans l'économie nationale ... C. 14.
[73] Ibid. C. 14-15.

les actions de la compagnie avec la bonne intention d'attirer les fonds des investisseurs étrangers. Selon les termes de la concession mentionnée par V. I. Bovykin, 62,5% du capital social de la société, fixé à 275 millions de roubles, devait être placé sur les marchés européens. Cependant, la vente de la première émission d'actions d'une valeur de 75 millions de roubles a montré que la quasi-totalité d'entre elles ont été placées en Russie. Une situation similaire a été observée en 1861 lors de la deuxième édition. Une telle répartition de la question a entraîné la réorganisation du conseil de la société à la fin de 1861, après quoi I. Pereira, l'un des dirigeants de "Credi Mobil", n'en faisait plus partie[1].

Il n'y a pas eu d'afflux massif de capitaux étrangers vers la "Compagnie principale des chemins de fer russes". Au contraire, il y a eu un exode des capitaux russes vers l'étranger. Comme la garantie du gouvernement éliminait tout risque pour les actionnaires, le taux de change a augmenté, ce qui a entraîné la formation d'énormes bénéfices pour les fondateurs. En conséquence, les fondateurs se sont enrichis de manière déraisonnable sur des transactions spéculatives dans la vente d'actions et ont perdu tout intérêt dans la construction de nouvelles lignes[74][75].

Seule une petite partie des actions a été placée à l'étranger. Avec le "vol de profits" flagrant des titres, toute l'entreprise a échoué. L'afflux de capitaux étrangers s'est arrêté dès 1859 après une nouvelle chute des actions de la Compagnie principale des chemins de fer russes sur les marchés étrangers[76]. Les opérations spéculatives ont finalement conduit à l'insolvabilité complète de la société privée. Ni les nouveaux privilèges, ni la concession à la société anonyme de la ligne de chemin de fer Nikolayevskaya, ni l'exemption des concessionnaires de la construction des routes Feodosiya et Libava n'ont aidé.

En 1868, les Chemins de fer russes avaient des dettes de 135 millions de roubles, dont 92 millions étaient des dettes envers le gouvernement. Les résultats des activités de construction étaient également lamentables : en 1862, la société n'a mis en service que

---

[74] Voir : Bovykin V.I. L'entrepreneuriat français en Russie // L'entrepreneuriat étranger et les investissements étrangers en Russie. - Moscou : Encyclopédie politique russe (ROSSPEN), 1997. C. 157.

[75] Voir : Essais de Pogrebinsky A.P. sur l'histoire de la finance dans la Russie pré-révolutionnaire.... C. 145-146.

[76] Kurys N.V. Investissements étrangers : histoire de la Russie (recherche juridique) ... C. 34.

755 versts de chemins de fer, alors qu'à cette époque, elle était censée en mettre environ 4 000 en service. Le gouvernement a été contraint de prendre l'entreprise "défaillante" sous son contrôle[77].

Lorsque le gouvernement s'est engagé à garantir le capital social, il a commis une erreur fondamentale, qui a eu des répercussions négatives sur l'activité de la Compagnie principale des chemins de fer russes. Il est probable que le manque d'expérience à cette époque a eu un impact. En Russie, le mode généralement accepté de formation et de reconstitution du capital des sociétés concessionnaires par la corporatisation et l'émission d'obligations venait de commencer à s'implanter ; le capital des compagnies de chemin de fer était constitué de capitaux par actions et par obligations. Plus tard, il est devenu courant que le gouvernement garantisse les capitaux obligataires, bien qu'il puisse y avoir une garantie simultanée des capitaux par actions et des capitaux obligataires.

En général, les compagnies de chemin de fer privées ont émis des obligations à 4,5 % ou 5 % avec des échéances de 81 ans. Ils ont été vendus à des prix allant de 78 % à 100 % de leur valeur nominale. Immédiatement après la guerre de Crimée, le prix de vente des obligations, placées sur les marchés londonien et allemand, était de 78 à 80 % de leur valeur nominale. Puis leur cotation est passée à 9899% et, avant la première guerre mondiale, le taux des obligations garanties par le gouvernement des sociétés de chemin de fer russes a été maintenu à 100%[78].

Avant 1914, presque toutes les concessions de transport en Russie étaient concentrées dans le secteur ferroviaire. Ce sont les concessions ferroviaires qui constituent la plus grande source d'investissements étrangers dans le pays. Ainsi, en 1913, sur les 7,5 milliards de roubles du capital social des chemins de fer généraux, une petite partie de 2,8 milliards de roubles (soit 37 %) provenait du Trésor public, et la plus grande partie, 4,7 milliards de roubles (soit 63 %), était obtenue par des emprunts obligataires de chemins de fer privés. Au fil du temps, l'État a racheté une grande partie des concessions ferroviaires, prenant à sa charge le paiement intégral des intérêts et le

---

[77] Pogrebinsky A.P. Essais sur l'histoire des finances de la Russie pré-révolutionnaire ... C. 146.
[78] Voir : Concessions dans la construction de logements, les services publics et les transports en Russie et en URSS : Documents et matériaux /T. IV / Sous la direction du Prof. M.M. Zagorulko ; Comp : M.M. Zagorulko, R.T. Akchurin, V.V. Bulatov, A.P. Vikhrian, O.V. Inshakov, Yu.I. Sizov, T.V. Tsarevskaya-Dyakina. - Volgograd : Maison d'édition scientifique de Volgograd, 2006. C. 393-394.

paiement des obligations des sociétés privées. Toutefois, la source initiale de fonds étrangers était le placement d'obligations de sociétés privées qui avaient reçu des concessions pour construire et exploiter des chemins de fer1.

Le Trésor public ne participait pas au capital social et garantissait très rarement le paiement des intérêts et des versements sur les actions des sociétés privées. Le principal canal d'investissement dans la construction des chemins de fer russes était la vente d'obligations. Avant la Première Guerre mondiale, le ratio entre le capital social et le capital obligataire était le plus souvent de 1 à 10, dans les plus grandes entreprises, un ratio de 1 à 15 était autorisé, et en cas d'expansion de l'entreprise, de nouvelles émissions d'actions et d'obligations étaient autorisées dans un ratio de 1 à 192.

La garantie de l'État pour le paiement des intérêts et des obligations placées, en règle générale, sur les marchés étrangers était justifiée, parce que les chemins de fer, dans la période initiale de leur exploitation, se sont révélés non seulement non rentables, mais aussi non rentables. Ainsi, l'alignement des intérêts a été pris en compte : les actionnaires, en tant que propriétaires (au sens classique) de l'entreprise concessionnaire, et les obligataires, en tant que créanciers. Tout retard de la part des concessionnaires dans le paiement des coupons d'obligations ou des intérêts y afférents constituait un motif de réclamation financière à l'encontre de la société. Les revendications de propriété pendant la construction et l'exploitation initiale du chemin de fer ont été particulièrement sensibles. Si, pour diverses raisons, les créances n'étaient pas satisfaites, l'entreprise était déclarée débitrice insolvable avec tous les inconvénients qui en découlaient[79][80][81]

Cependant, une concession est un produit "au coup par coup", et chaque concession a nécessité une approche différenciée pour définir ses conditions et paramètres d'activité. L'aide de l'État, qui garantit le paiement des obligations, était dans la plupart des cas nécessaire.

Dans la période pré-révolutionnaire, certaines chartes de chemins de fer privés stipulaient qu'après avoir atteint 6 à 8 % des revenus du capital social, l'excédent de bénéfice reçu en sus était réparti à parts égales entre le trésor public et les actionnaires.

[79] Concessions en matière de logement, de services publics et de transport en Russie et en URSS ... C. 390-391.
[80] GARF. Ф-8350. Opt. 1. Д. 108. P. 174 ob.
[81] Ibid. C. 392-393.

Si, les années précédentes, le gouvernement a effectué des paiements sur les garanties du capital de la société anonyme, les sommes destinées au Trésor public ont d'abord servi à payer ses dépenses sur les garanties1.

Comme la pratique l'a montré, le soutien de l'État aux capitaux propres, - contrairement aux capitaux obligataires, a presque toujours été inopportun. Selon les employés de MPS, "la plus grande partie du capital nominal de construction a été achetée avec les obligations garanties par le gouvernement, et cette partie a suffi pour construire tout le chemin de fer"[82][83]. Le capital social était concentré dans les mains des fondateurs-concessionnaires qui recevaient également un rendement garanti sur les actions. Les fondateurs de certaines compagnies de chemin de fer n'ont réalisé la construction qu'avec l'aide de l'argent des obligataires et la garantie de l'État, sans utiliser leurs propres fonds.

Souvent, le capital social garanti des compagnies de chemin de fer privées ne participait pas au processus de production, tandis que leur capital obligataire, au contraire, était inclus dans la production, acquérant ainsi les propriétés du capital d'-entreprise. Il est tout à fait remarquable qu'en Russie, la sphère de production de l'utilisation des emprunts obligataires se soit presque exclusivement limitée à la construction du réseau ferroviaire. En dehors de cette industrie, les émissions d'obligations des sociétés par actions russes n'étaient pas très répandues ailleurs[84].

La différence entre le coût nominal déclaré et le coût réel de la construction a permis aux concessionnaires de détourner environ 50 000 roubles par verst. En d'autres termes, la route des 500-600 verstes a littéralement donné aux fondateurs de sociétés par actions une récompense imméritée de 25-30 millions de roubles. Et le capital social - garanti (ou même non garanti) par le gouvernement, souvent inexploité, était une source supplémentaire d'enrichissement "fabuleux" pour un petit groupe de concessionnaires, que Sergey Witte appelait "les rois du chemin de fer". Parmi eux figuraient P.G. von Dervis, K.F. von Meck, S.D. Bashmakov, P.I. Gubonin, S.I. Mamontov, I.S. Blioch, S.S. Polyakov et d'autres.

---

[82] Concessions en matière de logement, de services publics et de transport en Russie et en URSS ... C. 392.
[83] Cité par : Pogrebinsky A.P. Essais sur la finance dans la Russie pré-révolutionnaire. C. 152.
[84] Voir : Bovykin V.I. Introduction // Entrepreneuriat étranger et investissements étrangers en Russie : Essais. - Moscou : Encyclopédie politique russe (ROSSPEN), 1997. C. 8.

L'exemple de von Derviz, qui en 1857 a quitté le service de l'État et est devenu le secrétaire de la "Société du chemin de fer Moscou-Ryazan", engagée dans la construction du chemin de fer, est révélateur. La construction de la route entre Moscou et Riazan n'a commencé qu'en 1863 avec le soutien du gouvernement, et à cette époque P. G. von Dervis a été élu président de la Société. Sous sa direction, la première section entre Riazan et Kolomna, d'une longueur de 76 versts1, a été construite. D'ailleurs, l'obtention de concessions par von Derviz n'était pas sans relations personnelles. Un ancien camarade de classe de von Dervis - le ministre des finances M.H. Reitern a accordé à son vieil ami des concessions pour la construction des [8586]chemins de fer Moscou-Ryazan et Ryazan-Kozlovka.

P.G. von Derviz a obtenu la concession pour la construction de la route Riazan-Kozlovaya en 1865. La réalisation du projet lui a rapporté un "bénéfice fantastique"[87] en raison des conditions dans lesquelles le gouvernement a autorisé la construction de la route sur une longueur de 197 verstes. Le coût de la construction a été de 91 000 roubles par verst, soit près de 30 000 roubles de plus que le coût de la construction de la route de Koursk. En outre, le gouvernement a garanti un rendement de 5 % sur le capital investi.

Les obligations garanties par le gouvernement, d'une valeur de 10,8 millions de thalers prussiens, ont été facilement placées par von Dervis sur le marché allemand. Le capital obligataire collecté a suffi pour construire la route entre Riazan et Kozlov. Mais les parts de l'énorme montant de 782 000 livres sterling entièrement concentrées dans les mains de von Derviz, ce qui représente un bénéfice net de l'entreprise1. Toutefois, il convient de noter que la route a été construite en un temps record - moins d'un an. L'appropriation d'une partie du capital de la société anonyme a instantanément enrichi von Dervis. Il a reçu le surnom de "Monte-Cristo russe" et a acquis des biens immobiliers à Moscou, à Saint-Pétersbourg, dans la province de Riazan, en France, en Suisse et en

---

[85] Voir : Bessolitsyn A.A., Kuzmichev A.D. Histoire économique de la Russie. Essais sur le développement de l'esprit d'entreprise ... C. 89-90.

[86] Mémoires de Witte S.Y. Mémoires : Vol. 3. C. 155.

[87] Bessolitsyn A.A., Kuzmichev A.D. Histoire économique de la Russie. Essais sur le développement de l'esprit d'entreprise. C. 89.

Italie[88][89].

Selon S.Y. Witte, avant les chemins de fer Moscou-Riazan et Riazan-Kozlovsk, "il n'y avait pas beaucoup de gens prêts à obtenir des concessions, car personne ne profitait des chemins de fer à l'époque". En plus de deux concessions nommées, Fon Derviz a obtenu un contrat pour la construction de la route Koursk - Kiev, qu'il a construite dans la société avec l'ingénieur en chef K.F. Fon Meck[90]. Les entreprises von Dervis ont marqué le début de la "fièvre ferroviaire" de la concession en Russie. L'"expérience" de la pose de chemins de fer au détriment d'une partie seulement du capital de construction et d'un enrichissement rapide sans investissement de fonds propres dans l'entreprise a été volontiers utilisée par d'autres concessionnaires[91].

Après avoir fait une énorme fortune, Derviz a immédiatement cessé ses "affaires de chemin de fer, est parti à l'étranger, a construit un palais en Italie et a obtenu son propre théâtre. S.J.Witte se souvient que Pavel Grigorjevich von Derviz est devenu "complètement fou" du luxe et de la richesse dont il s'entourait en Italie. Fait significatif, lorsque K.F. von Meck reçut la concession pour la construction de la ligne de chemin de fer de Libava et décida d'inviter Derviz à participer au nouveau projet, il refusa. "Le Monte-Cristo russe" a déclaré qu'il n'était "pas si fou qu'une fois qu'il avait fait fortune, il la risquait ; que les millions qu'il avait étaient suffisants pour lui, et qu'il préférait donc mener la vie d'un mécène, ce qu'il fit". Et Derviz s'est avéré avoir raison - von Meck a perdu beaucoup d'argent sur la concession de la ligne ferroviaire Livonie-Romanskaïa1.

La raison de l'échec de von Meck était la perfection de la politique économique du gouvernement, qui essayait de garder la trace des sources d'enrichissement financier personnel des concessionnaires. S. Witte a souligné qu'"à mesure que de nouvelles routes étaient construites, le gouvernement devenait de plus en plus expérimenté et imposait des conditions de plus en plus lourdes. C'est pourquoi, en fin de compte, les gens ont cessé de faire autant de profits, et il y a même eu des cas où de grands entrepreneurs ont fait

[88] Pogrebinsky A.P. Esquisses des finances de la Russie prérévolutionnaire ... C. 153.
[89] Voir : Bessolitsyn A.A., Kuzmichev A.D. Histoire économique de la Russie. Essais sur le développement de l'esprit d'entreprise ... C. 89.
[90] Mémoires de Witte S.Y. Mémoires : Vol. 3. C. 155.
[91] Pogrebinsky A.P. Esquisses des finances de la Russie prérévolutionnaire ... C. 153.

faillite"[92][93].

La composition des concessionnaires qui ont fait partie des rois oligarques du chemin de fer, a confirmé la vérité largement répandue selon laquelle "il est facile de s'enrichir en Russie" ; il était seulement important d'être au bon endroit au bon moment. Les qualités personnelles et, dans une large mesure, le hasard ont joué un rôle énorme dans leur ascension, ce qui a ajouté une certaine subjectivité à la pratique russe des concessions.

Au début de leur carrière d'entrepreneur, tous les futurs "rois du chemin de fer" n'étaient pas des gens riches. Ainsi, alors que Gubonine, les frères Shipov, Ryumin, Mamontov et Kokorev avaient été de riches marchands de vin dans le passé, Blioch était un petit entrepreneur ferroviaire, Polyakov venait des gardiens de gare, von Meck était un ingénieur des chemins de fer et von Dervis a commencé son chemin en tant que fonctionnaire du Sénat. "En substance," rappelle Witte, "ces rois des chemins de fer ont assumé une telle position en grande partie par hasard, par leur intelligence, leur ruse et, dans une certaine mesure, par leur ruse. En ce sens, chacun d'entre eux représentait un type assez important[94].

Si l'on ne tient pas compte de von Dervis et de certains autres fondateurs de sociétés anonymes privées et de leurs proches, l'"enrichissement" des concessionnaires s'est accompagné d'un effet d'investissement positif pour l'économie russe. "C'est pendant la fièvre des concessions ferroviaires des années 60-70 que de nombreux capitalistes russes sont devenus riches, qui ont ensuite investi leurs millions pillés dans diverses branches de l'économie capitaliste"[1].

Les retombées intersectorielles et l'accumulation de capital distinguaient de façon frappante les concessionnaires de cette période de ceux des années 1920-1930. Les - concessionnaires n'ont pas investi leurs bénéfices en URSS dans d'autres secteurs de l'-économie soviétique. Ils ont préféré les exporter à l'étranger, en investissant dans les économies nationales d'autres pays.

Dans la pratique russe, il y a eu des cas où les fondateurs de sociétés par actions,

---

[92] Mémoires de Witte S.Y. Mémoires : Vol. 3. C. 155.
[93] Ibid. C. 155-156.
[94] Ibid. C. 148.

créées pour mettre en œuvre des concessions ferroviaires, étaient non seulement des personnes morales ou physiques privées, mais aussi des organes élus du gouvernement local - les zemstvos. Un exemple typique est la concession pour la construction d'une voie ferrée de la ville d'Elets à la gare de Gryazskaya de la ligne Voronej Zemstvo, approuvée par l'empereur Alexandre II le 1er mars 1867. Le document, contenant les conditions de cette concession, a été signé par les ministres des transports et des finances P.P. Melnikov et M.H. Reitern et par les représentants de Elets zemstvo : le lieutenant-général comte Levashev, le conseiller collégial Khvostov et le maire de Elets Rusanov. Au fait, ce document révèle la procédure de soumission, d'examen et d'approbation de la proposition de concession dans l'Empire[9596] russe.

Les termes de la concession, déjà traditionnels pour le législateur russe, stipulaient les questions de l'attribution à une entreprise privée des avantages de l'Etat, de l'aliénation des terrains et des bâtiments pour les grands objets de construction de transport. Comme dans d'autres cas similaires, il était stipulé que "la société jouissait de tous les droits affectés aux travaux publics, y compris le droit d'aliénation et d'occupation légale des terrains et bâtiments privés nécessaires à la route et à ses accessoires". Les terres appartenant à l'État nécessaires à la construction des routes et à la création de ses infrastructures ont été données gratuitement à la société. Cependant, il ne s'agissait que des "terres non cultivées" et "non imposables", c'est-à-dire des terres qui ne faisaient pas partie du chiffre d'affaires agricole. La société pourrait extraire des matériaux de construction (pierre, sable, argile et chaux) pour les besoins de la route sans compensation sur les terres retirées1.

La concession du chemin de fer Elets - Zemskaya stipulait les points suivants concernant l'ensemble de la pratique nationale en matière de concession : durée de la concession, possibilité de transfert de la société au concesseur, possibilité de rachat anticipé de la société, méthode de formation du capital nominal et garantie des capitaux par l'État.

Le capital nominal de la société a été approuvé à hauteur de 3 021 500 roubles en

¹⁵Pogrebinsky A.P. Esquisses des finances de la Russie prérévolutionnaire ... C. 150.
¹⁶ Concession pour la construction d'une voie ferrée de la ville de Yelts à la gare de Gryaz du chemin de fer Voronezh Zemstvo. - Saint-Pétersbourg, 1867. C. 3-4.

37

argent et 773 460 livres sterling. Il devait être constitué de capital social et obligataire par l'émission d'actions en roubles de crédit et d'obligations en livres sterling ou en thalers prussiens ou en florins néerlandais ou en francs. Selon toute vraisemblance, les actions devaient être vendues en Russie, tandis que les obligations devaient être placées sur les marchés étrangers. Le gouvernement a promis de garantir à la société 5 % du revenu net pour l'ensemble du capital social et obligataire nominal. Les intérêts sur les actions devaient être payés en roubles de crédit, et sur les obligations - dans la monnaie dans laquelle elles étaient libellées. La garantie gouvernementale des actions et des obligations devait être valable pendant toute la durée de la concession, soit - 81 ans à compter de la date de mise en service[97][98] de la route.

La durée de la concession a été déterminée par les conditions de rachat de la totalité du capital de la "Société des chemins de fer Eletsko-Zemskaya". Le gouvernement a accepté de garantir aux concessionnaires non seulement 5 % de revenus sur les actions et les obligations, mais aussi le paiement annuel garanti d'un dixième du capital nominal pour son remboursement dans un délai de 81 ans1. De nombreuses années plus tard, lors de l'élaboration du plan des concessions ferroviaires en URSS, il était prévu que leurs durées soient fixées en fonction des conditions de remboursement du capital obligatoire - 60 ans ou 81 ans [99][100].

Les Zemstvos ont non seulement fondé des sociétés de chemin de fer, mais ils pouvaient également garantir les capitaux de ces sociétés. Il y a au moins trois chemins de fer dans l'histoire de la Russie avec la garantie de zemstvos : Tambovo-Saratov, Tambovo-Kozlovskaya et Gryazo-Tsaritsinskaya. Ce sont les organes gouvernementaux locaux compétents, et non le gouvernement, qui ont garanti aux concessionnaires un certain pourcentage des revenus des actions des compagnies de chemin de fer[101].

L'exemple de la "compagnie de chemin de fer Elets - Zemskaya" a montré que les

---

[97]Concession pour la construction d'un chemin de fer de la ville de Yelts à la gare de Gryaz ... C. 7.
[98]Ibid. C. 4.
[99]Concession pour la construction d'un chemin de fer de la ville de Yelts à la gare de Gryaz ... C. 4-5.
[100]   Concessions en matière de logement, de services publics et de transport en Russie et en URSS ... C. 395.
[101]   Morozova E.N. Concessions ferroviaires et zemstvo // De l'histoire de la pensée économique et de l'économie nationale de la Russie : Collection de travaux scientifiques. vol. 2. Ch. 2 : Problèmes agraires. Pour le 130ème anniversaire du zemstvo en Russie. - M. ; Volgograd : Éditeur de l'Université d'État de Volgograd, 1997. C. 262.

garanties gouvernementales n'étaient pas une "assistance" gratuite aux concessionnaires. Toutes les sommes émises par l'État pour le paiement garanti des dividendes et le remboursement du capital nominal étaient considérées comme des prêts, et devaient donc être reversées au Trésor public au détriment des bénéfices de l'entreprise qui dépassaient le dividende garanti. Il restait la moitié du bénéfice net après le versement du dividende de 5 % par la société et un dixième des intérêts sur le capital nominal. Mais une fois que l'État a remboursé les prêts, tout le reste du bénéfice net est devenu la propriété de l'entreprise[102]. Les prêts ne pouvaient être restitués au Trésor public que pendant la période d'exploitation rentable du chemin de fer. La période initiale d'activité économique des chemins de fer n'était en général pas rentable et n'apportait aucun revenu.

Les exemples de difficultés financières étaient assez nombreux. Par exemple, la Baltic line, dirigée par le directeur de la banque d'État E.I. Limansky, devait environ 9 millions de roubles au gouvernement en 1878. Au cours des années 1870, le chemin de fer Kozlovo-Saratov devenait de moins en moins rentable. En 1876, les dépenses dépassaient les recettes de 114 000 roubles, en 1878, elles dépassaient les recettes de 193 000 roubles et en 1880, elles augmentaient de 475 000 roubles. Le gouvernement a dû accorder des subventions spéciales à la route Kozlovo-Saratov pour compenser les pertes et acheter du matériel. En 1871, le gouvernement a alloué 500 000 roubles au chemin de fer pour couvrir son déficit de fonds propres et en 1874, il a accordé 520 000 roubles supplémentaires pour l'achat du matériel roulant. En 1885, la voie ferrée Riazan-Kozlovskaïa construite par von Derviz devait 5 millions 285 mille roubles au gouvernement et la voie ferrée Libavo-Romaneskaya due au Trésor public atteignait la même année 1885 une somme colossale de 31,5 millions de roubles1.

Selon une commission spéciale pour l'étude des chemins de fer en Russie dirigée par le comte E.T. Baranov, au début des années 1880, seules 5 des 37 compagnies de chemin de fer n'avaient pas recours aux garanties de l'État et n'étaient pas répertoriées comme débitrices du Trésor. À cette époque, la dette totale des chemins de fer privés envers l'État atteignait près de 1,1 milliard de roubles. La croissance des dettes s'explique

---

[102] Concession pour la construction d'un chemin de fer de la ville de Yelts à la gare de Gryaz du chemin de fer Voronezh Zemsky ... C. 5.

non seulement par l'"extravagance" des entreprises, mais aussi par l'acquisition de - matériel roulant ferroviaire, soit avec des prêts gouvernementaux spéciaux, soit avec les fonds obtenus par l'émission supplémentaire d'obligations ferroviaires qui ont été laissés au gouvernement. Grâce à l'investissement de fonds publics, en 1879, il y avait 5 074 locomotives et 106 000 wagons de fret sur les routes russes, ce qui coûtait 230 millions de roubles[103][104].

A première vue, l'énoncé des questions délicates de A.P. Pogrebinsky semble tout à fait raisonnable : "Qu'est-ce qui a causé une absence de responsabilité aussi flagrante du gouvernement tsariste ? Pourquoi, malgré le désavantage évident pour le trésor public de la construction et de l'exploitation des routes en concession privée, elle a bénéficié du soutien total du gouvernement"[1]. 1 La réponse doit être recherchée dans la contradiction objective entre les résultats actuels de la politique financière du gouvernement et la nécessité de résoudre les problèmes de développement stratégique à long terme de l'économie du pays.

Au début des années 1860, l'industrie russe a connu une stagnation et un déclin prolongés. Le tournant de la tendance de la crise se produit généralement à la suite de l'afflux de nouveaux capitaux, qui crée un marché pour lui-même. À l'époque, la Russie était clairement pauvre en capital libre, et les modestes profits de l'industrie nationale reflétaient sa taille modeste. Le principal secteur de l'économie russe de l'époque - l'agriculture - se caractérisait par son retard et ses méthodes de production extensives. Le sous-développement du marché intérieur a entravé l'afflux de gros investissements étrangers. Le pays ne disposait pas d'un réseau de transport étendu, condition préalable à une large diffusion des échanges commerciaux. C'est dans cette situation que le gouvernement a lancé un programme à long terme de construction de chemins de fer, qui est devenu la base de la reprise économique du pays, le noyau de la révolution industrielle, autour duquel toute la politique économique de l'autocratie russe a été façonnée[105][106].

[103] Pogrebinsky A.P. Esquisses des finances de la Russie prérévolutionnaire ... C. 154-155.
[104] Ibid. C. 155-156.
[105] Pogrebinsky A.P. Esquisses des finances de la Russie prérévolutionnaire ... C. 156.
[106] Cheremisinov G.A. State Entrepreneurship in the Domestic Economy : Prehistory of Economic Accounting. - Saratov, 1995. C. 8.

Les énormes dépenses d'investissement dans la construction du réseau ferroviaire et l'acquisition de matériel roulant rendent cette industrie inélastique. Le chemin de fer ne peut être fermé même dans les conditions les plus défavorables. Il doit fonctionner à la fois à des prix non rentables et à des tarifs bas, car seul son fonctionnement continu assure la réduction des pertes1.

L'État, en soutenant les concessionnaires de chemins de fer avec ses garanties de capital, ses prêts et ses subventions, a subi, surtout dans la période initiale de réalisation des programmes ferroviaires, des pertes matérielles. Mais le fonctionnement efficace des chemins de fer, précisément en raison des énormes coûts d'investissement de leur organisation, n'est pas atteint immédiatement, et "les pertes liées à la mise en œuvre des programmes gouvernementaux sont tout à fait acceptables, pour autant qu'elles soient compensées par des augmentations d'autres ressources financières"[107][108].

La rentabilité des chemins de fer s'est accrue à mesure que le chiffre d'affaires du fret augmentait et que les coûts diminuaient. La croissance du réseau ferroviaire, les volumes de production, la rotation des marchandises et la rotation du fret dans l'économie nationale se sont mutuellement soutenus.

Selon l'ingénieur P. Gaevsky, dans la période de 1891-1903, il y a eu des cas où l'on a permis la construction de chemins de fer sans la garantie de l'État en matière de capital cautionné. Sur 21 de ces entreprises, 13 n'ont pas été réalisées du tout, et 7 entreprises réalisées ont dû recourir à un soutien substantiel de l'État. Une seule société par actions, la Herby-Częstochowa Railway Company, a fonctionné avec succès, mais seulement après avoir été autorisée à produire un emprunt obligataire garanti par le gouvernement. La garantie de l'État était plus rentable et moins chère, car elle augmentait les revenus des entreprises, dont le gouvernement recevait d'importantes contributions en sa faveur, qui faisaient plus que couvrir les paiements de garantie. Les pertes sur les routes individuelles ont été maintes fois compensées par la croissance économique générale dans les régions où le réseau ferroviaire était situé. Le ministère des finances a même commencé à parler de la nécessité de garantir une part des revenus des actionnaires

---

[107]   Voir : Prokopovich S.N. Économie nationale de l'URSS. Volume II. - New York : Maison d'édition Tchekhov. New York : Chekhov Publishers, 1952. C. 12.
[108] Cheremisinov G.A. L'entrepreneuriat d'État dans l'économie nationale : la préhistoire du calcul économique ... C. 9.

41

d'environ 3 %1.

La dernière tentative prérévolutionnaire d'éviter la garantie de l'État a eu lieu en 1911-1912, lorsque la construction du chemin de fer Yalta-Sevastopol a été autorisée. Le gouvernement a même abandonné le projet de chemin de fer Yalta - Bakhchisaray, plus rentable. Cependant, l'initiative s'est soldée par un échec. Il a été impossible de mobiliser des capitaux pour la construction de la route. En conséquence, le gouvernement a été obligé d'émettre un décret supplémentaire pour garantir les obligations [109][110].

Le soutien du Trésor public aux compagnies de chemin de fer était courant dans la plupart des pays du monde. En Russie également, l'implication des milieux d'affaires dans la construction forcée était possible à condition d'accorder aux entreprises privées des privilèges exclusifs et des profits garantis. Au cours de la première décennie qui a suivi l'abolition du servage, le gouvernement n'a pas pu concentrer la construction des chemins de fer entre les mains du Trésor public en raison de l'extrême instabilité des finances publiques et du crédit[111] public.

Dans les années 60-70 du XIXe siècle, le budget de la Russie était déficitaire et il était impossible d'organiser pleinement la construction des chemins de fer en utilisant les crédits du budget ordinaire. De 1866 à 1880, environ 850 millions de roubles ont été dépensés pour la construction de chemins de fer, qui n'ont été attirés que par des prêts internes et externes. Les concessionnaires ont construit des chemins de fer en grande partie avec les fonds de prêts obligataires garantis. En 1866-1875, les obligations des sociétés ferroviaires russes ont été vendues sur les marchés étrangers pour plus de 500 millions de roubles. Pour cette raison, le souci du remboursement des prêts, du maintien de la solvabilité de la Russie et de son prestige sur le marché financier mondial est devenu la tâche principale du ministère des finances. Il était plus rentable pour le gouvernement d'effectuer une partie des emprunts aux dépens des sociétés privées, car leurs emprunts obligataires n'étaient pas inclus dans la structure de la dette publique russe1.

Les ventes d'obligations des entreprises russes à l'Ouest ont toujours été fructueuses, car leur rentabilité était garantie par le gouvernement. Le facteur

---

[109]   Gaevsky P. Concessions forestières et colonisation du Nord. - Petrograd, 1923. C. 17.
[110]   Ibid.
[111]   Voir : Essais de Pogrebinsky A.P. sur la finance dans la Russie pré-révolutionnaire.... C. 156.

psychologique a probablement joué un rôle important : on fait plus confiance au gouvernement qu'à une personne privée, quelle que soit la solide réputation dont il jouit dans le monde des affaires. Ces obligations circulaient librement sur les marchés monétaires et étaient mises en gage par les établissements de crédit occidentaux pratiquement au même niveau que les titres d'État. Ce n'est que dans les années 1880-1890, lorsque de nombreuses routes privées (de concession) ont été rachetées par le Trésor public, que leurs prêts sont devenus partie intégrante de la dette publique de la Russie[112][113].

Le placement réussi sur les marchés occidentaux dans les années 1860-1870 d'-obligations garanties par le gouvernement des sociétés de chemin de fer a contribué à régler la balance des paiements passive et défavorable de la Russie. L'or étranger a afflué dans le pays par deux canaux : les prêts étrangers directs du gouvernement russe et les prêts obligataires des sociétés. Le programme d'investissement dans la construction de chemins de fer en 1866-1875 s'est élevé à 850 millions de roubles, qui ont été couverts par le produit de prêts ferroviaires privés de 544 millions de roubles et l'envoi d'or russe à l'étranger pour un montant de 306 millions de roubles [114].

À la fin des années 1880, les déficits budgétaires précédents avaient été éliminés grâce à la "pression fiscale". Les tarifs douaniers et les pressions fiscales imposées ont intensifié la balance commerciale du pays, stimulant une accélération des exportations et une réduction des importations. Un excédent commercial a entraîné un afflux de devises fortes en or étranger dans le pays. L'excédent des exportations sur les importations s'élevait en moyenne à 66 millions de roubles en 1882-1887 et à 307 millions de roubles en 1887-1891. Le 1er janvier 1887, le stock d'or de la Russie s'élevait à 422 millions de Br. L'accumulation des réserves d'or a créé les conditions nécessaires à la réforme monétaire et au passage à la circulation monétaire de l'or. A partir de 1897, le pays a repris l'échange de roubles de papier contre des pièces d'or à un taux fixe de 1,5 rouble en assignation pour 1 rouble d'or1 .

[112]   Pogrebinsky A.P. Esquisses des finances de la Russie prérévolutionnaire ... C. 156-157.
[113] Voir : Bovykin V.I. Introduction // Entrepreneuriat étranger et investissements étrangers en Russie ... C. 4-5.
[114]   Voir : Essais de Pogrebinsky A.P. sur la finance dans la Russie pré-révolutionnaire.... C. 159-160.

L'État a garanti le capital des entreprises privées, ce qui a créé un vaste réseau de chemins de fer, a contribué à la stabilisation du budget et à l'activation du commerce extérieur.

Dans le contexte du boom industriel des années 1890, la croissance de l'épargne en Russie a été "exceptionnellement rapide", et les sociétés par actions ont pu placer une partie de leurs obligations déjà à l'intérieur du pays. Ainsi, pendant la période de 1893 à 1902, les compagnies de chemin de fer privées ont émis des emprunts obligataires garantis par l'État d'une valeur de 870 millions de roubles, et 48 % de toutes les obligations ont été vendues à des propriétaires russes[115][116].

Cette nouvelle tendance était extrêmement importante. La croissance rapide de la création de sociétés par actions dans divers secteurs de l'économie nationale au tournant des XIXe et XXe siècles s'est faite, en règle générale, sur la base d'investissements directs. L'impact positif des capitaux étrangers sous forme de prêts obligataires garantis sur le développement économique a commencé à diminuer progressivement, et il a - commencé à passer de force motrice à frein sur l'économie russe, devenant un moyen de siphonner l'épargne intérieure[117]. Dans le même temps, le placement d'obligations sur le marché intérieur a encouragé l'investissement des fonds accumulés.

Au début du XXe siècle, le gouvernement russe avait consolidé les $^{2/3\ du}$ réseau ferroviaire du pays entre ses mains, à la fois au détriment de la construction publique généralisée et du rachat des chemins de fer privés. Plus précisément, en rachetant des concessions ferroviaires. Ainsi, les termes de la concession pour la construction du chemin de fer de Yelets à la gare de Gryaz du chemin de fer Voronej Zemstvo stipulent que "après 20 ans à compter de la date d'approbation de la charte, le gouvernement a le droit de racheter à tout moment le chemin de fer Yeletskaya Zemskaya".

Si la concession avait duré toute la durée de 81 ans, à son expiration, le chemin de fer avec tous ses biens mobiliers et immobiliers serait passé gratuitement à l'État. Le gouvernement n'aurait à payer à la société que la valeur du matériel roulant, des

[115] Cheremisinov G.A. L'entrepreneuriat d'État dans l'économie nationale : la préhistoire du calcul économique ... C. 12.
[116] Pogrebinsky A.P. Esquisses des finances de la Russie prérévolutionnaire ... C. 171-174.
[117] Bovykin V.I. Introduction // L'entrepreneuriat étranger et les investissements étrangers en Russie . C. 8.

machines, des équipements, des outils et des autres biens ajoutés par le concessionnaire à la propriété[118][119] d'origine.

Ainsi, les termes de la "concession du chemin de fer Elets - Zemskaya" prévoyaient la forme traditionnelle pour la pratique nationale de transfert gratuit de l'entreprise au concesseur à la fin de la durée de la concession.

L'inclusion dans le contrat de concession d'une clause de rachat à l'échéance était non seulement opportune mais aussi extrêmement importante. Il est facile de prévoir la situation qui se présenterait en l'absence d'une telle clause dans le contrat de concession et du consentement volontaire du concessionnaire à racheter l'entreprise. Dans un tel cas, toute action du concessionnaire, pour quelque raison que ce soit, visant à mettre fin par la force à la concession, même avec l'octroi d'une indemnisation, aurait été considérée comme une violation de l'accord et aurait pu donner lieu à des demandes de pénalités, d'indemnisation des pertes, etc. de la part de parties privées. [120]

Le calcul du prix de rachat a été établi dans les conditions de concession. Par exemple, dans le cas des "Elets - Concession foncière", la somme des bénéfices de l'entreprise pour les 7 années précédant le prix de rachat devait être prise comme base pour déterminer le prix de rachat. La somme des bénéfices des deux années les moins rentables a ensuite été déduite de ce montant. Le revenu moyen perçu pendant 5 ans a été considéré comme le bénéfice net de l'entreprise, et la capitalisation du taux d'intérêt annuel de 5 % pour la durée restante de la concession est devenue la dette du gouvernement envers l'entreprise (c'est-à-dire le montant du rachat). La dette qui en découlait devait être payée par le gouvernement avec des obligations à cinq pour cent : pour les actions de la société - avec des obligations d'État en roubles de crédit, pour les obligations de la société - avec des obligations d'État en livres sterling, le remboursement devant être déterminé par le gouvernement lui-même1.

L'utilisation généralisée des concessions dans l'industrie ferroviaire russe a été d'une grande importance pour le développement de toute la pratique russe ultérieure des relations de concession. Elle a permis de trouver des solutions pour résoudre de

[118]   Concession pour la construction d'un chemin de fer de la ville de Yelts à la gare de Gryaz ... C. 9.
[119]   Ibid. C. 10.
[120]   Voir GARF. F. R-8350. Op. 1. Д. 108. Л. 170.

nombreuses questions controversées, notamment celle du rachat des concessions. C'est alors qu'il est devenu nécessaire de clarifier : quel est l'objet de la concession, quel est son but, quels sont les objets qui sont la propriété du concessionnaire, quels sont les droits du gouvernement, etc. Les concessions ferroviaires sont devenues une institution, grâce à laquelle de nouveaux objets d'activité économique, transférés en exploitation[121][122] concessionnaire, ont été créés sur la base des réalisations de la science et du progrès technique.

[121]   Concession pour la construction d'un chemin de fer de la ville de Yelts à la gare de Gryaz ... C. 10.

[122]   Landau B.A. Droit de concession de l'Union des républiques socialistes soviétiques . C. 15.

Chapitre II
DES CONCESSIONS MAJEURES NON RÉALISÉES DANS LE DOMAINE
DES TRANSPORTS

2.1. Projets ferroviaires

La possibilité d'une concession pour la construction d'une énorme section du Transsibérien n'était pas exclue, comme le montre l'histoire du grand financier américain Wharton Barker. Entre 1878 et 1892, il fait des efforts pour obtenir des concessions en Russie. Au début, ses tentatives se sont étendues aux entreprises minières, mais ensuite son intérêt s'est porté sur la participation au projet de chemin de fer sibérien.

Cette histoire a été rendue publique en 1945 par le chercheur américain George S. Quinn, qui, alors qu'il travaillait à la Bibliothèque du Congrès, a découvert un dossier contenant des lettres et des télégrammes provenant des archives personnelles de Wharton Barker. Celles-ci indiquent que les relations financières de Barker avec la Russie ont commencé en 1876, lorsque la banque Barker & Son a agi en tant qu'agent des commissaires russes accrédités à l'Exposition de Philadelphie. Entre 1878 et 1879, Barker était un agent du tsar de Russie et a participé à l'équipement de l'armement de quatre navires marchands au chantier naval William Cramp and Sons à Philadelphie. En cas de guerre entre la Russie et l'Angleterre, ces navires devaient agir comme des corsaires1. Pour les services rendus à la Russie, Alexandre II a décerné à Barker l'Ordre de Saint-Stanislas[123][124].

Pendant son séjour en Russie, Wharton Barker a eu des entretiens avec le grand-duc Constantin, le prince Dolgorouky et divers ministres. Les conversations qu'il a eues lors de ces réunions ont porté sur l'aménagement d'un certain nombre de chemins de fer, de charbon, de minerai et d'entreprises métallurgiques sur le Don et près de Krivoy Rog. Sur la base des données des études géologiques menées en 1879-1880, le banquier

---

[123] Navire privé spécialement armé, avec l'autorisation des autorités, pour les opérations militaires contre les navires ennemis.
[124]   Queen, G.S. Wharton Barker et les concessions dans la Russie impériale ... P. 204.

Wharton Barker, au nom des hommes d'affaires américains, a présenté des propositions de concessions spécifiques au gouvernement russe, qui a promis des investissements de plusieurs millions de dollars dans le développement de cette région1.

Plus précisément, le projet comprenait le développement de matières premières, la construction d'une fonderie de fer et d'une aciérie d'une capacité totale de 75 000 tonnes par an, d'une usine d'ingénierie et de construction navale, et d'un chemin de fer. Barker a même réussi à attirer plus de 20 industriels et financiers américains[125][126] comme - compagnons.

Alexandre II examina les propositions pendant plusieurs mois, et trois jours avant son assassinat, il chargea le prince Dolgoruky de notifier à l'Américain que la concession lui serait accordée, mais l'empereur n'eut jamais le temps de l'approuver. Son successeur sur le trône de Russie, Alexandre III, a [127]refusé d'accorder la concession aux capitalistes américains.

Malgré les revers qui le hantent dans les affaires russes, Barker poursuit ses contacts avec les Russes. En août 1888, lors de son séjour à Paris, il rencontre le général M. N. Annenkov, le célèbre ingénieur et constructeur du chemin de fer gouvernemental transcaspien. Profitant de l'occasion, M. Barker a discuté avec M. Annenkov de la question d'une concession pour la construction du chemin de fer sibérien et a clarifié son point de vue sur sa construction. Comme le soutenait George S. Quinn, au tout début de la construction du chemin de fer sibérien, il était seulement certain que la construction des sections extrême est et ouest de la ligne principale serait financée par le trésor public. Cependant, pendant un certain temps, il y a eu une incertitude quant à savoir si la construction de la section centrale serait également financée par le Trésor ou si des - capitaux privés garantis par le gouvernement seraient impliqués. Même en juillet 1892, cette question n'était pas encore résolue, comme le montre la correspondance de W. Barker avec l'avocat américain F. Holle relative à cette époque. Par exemple, Holle n'a fait état que de la possibilité d'obtenir une concession pour le chemin de fer sibérien "dans

[125]   Queen, G.S. Wharton Barker et les concessions dans la Russie impériale ... P. 204.

[126]   Kalmykov S.V. L'entrepreneuriat américain en Russie // L'entrepreneuriat étranger et les investissements étrangers en Russie. - Moscou : Encyclopédie politique russe (ROSSPEN), 1997. C. 273.

[127]   Queen, G.S. Wharton Barker et les concessions dans la Russie impériale . P. 204.

d'excellentes conditions"[1].

Dans sa lettre du 5 juillet 1892, Halls décrit la situation de façon très détaillée. Il s'avère que le général Annenkov a proposé d'essayer d'obtenir une concession pour le chemin de fer transsibérien au colonel-ingénieur américain Wilkin Cragg, qui était intéressé par des projets en Russie. Comme Halls l'a expliqué à Barker, l'empereur Alexandre III était passionné par la construction de la route le plus rapidement possible et aurait donc préféré accorder la concession, mais seulement à un Américain, car il n'était pas inspiré par l'expérience russe avec les concessionnaires européens.

La nature spéculative de nombreuses entreprises belges du bassin de Donetsk peut avoir été impliquée ici. L'ingénieur Cregg, pour sa part, a tenté d'intéresser le financier américain Jay Cuda en plaçant une émission d'obligations liée au projet. L'appel de Cregg à Jay Cood n'a été provoqué que par le fait qu'il était le seul financier que Cregg connaissait personnellement. Cependant, Jay Cood était "trop malade" et son fils George était "trop occupé". Néanmoins, malgré l'intérêt des banquiers français et allemands, le général Annenkov a fait remarquer que le gouvernement russe pourrait offrir de bien meilleures conditions aux Américains. À cet égard, Halls a exhorté Barker à prendre part à l'entreprise, car les conditions dépendaient du demandeur. Le colonel Cregg pensait que le montant des bénéfices garantis par le gouvernement russe pour un Américain serait de 1,5 % supérieur à celui d'un "[128][129]Juif européen".

Ainsi, Wharton Barker a commencé à coopérer avec Cragg, et à prendre des mesures de sa part également. Il a même essayé de s'assurer le soutien du ministre des Affaires étrangères de Russie de l'époque, N.K. Giers. Il écrit au ministre en juillet 1892 pour lui rappeler ses services passés à l'empire et lui faire part de sa volonté de venir à Saint-Pétersbourg "à condition que Sa Majesté impériale le veuille et que je sois assuré que la concession sera accordée à moi et à mes compagnons à des conditions réelles et favorables. D'une manière générale, Barker était conscient que le chemin de fer sibérien était à l'époque une grande entreprise et il a écrit qu'il souhaitait consacrer autant de temps que possible au cours des cinq prochaines années à la gestion de la concession, "qui apportera à la fois un grand profit et une certaine renommée"[1].

---

[128]   Voir Queen, G.S. Op. cit. P. 205-206.
[129]   Ibid. p. 206.

Entre-temps, l'entreprise continue de se développer et une nouvelle figure rejoint le groupe des compagnons possibles - l'ami du colonel W. Cragg, l'Anglais George Baird, dont la famille a dirigé des ateliers mécaniques à Saint-Pétersbourg pendant plus d'un siècle. L'Anglais George Baird, dont la famille avait dirigé des ateliers mécaniques à Saint-Pétersbourg pendant plus d'un siècle, avait rejoint le groupe. C'est lui qui a commencé à jouer un rôle de premier plan dans le groupe des candidats. Début août 1892, Baird télégraphia à Barker et l'informa que ses amis russes se "préparaient". Bientôt des réunions à Saint-Pétersbourg ont suivi, et déjà le 7 (19) août 1892, un accord entre les candidats étrangers et russes à la concession a été rédigé et signé. L'accord a été signé par J. Baird et W. Barton, ainsi que par deux Russes - Sergei Salomka et le Prince Peter Volkonsky. L'accord stipule que les signataires unissent leurs efforts pour obtenir une concession pour la construction du tronçon de chemin de fer sibérien de Tomsk au - confluent de la rivière Shilka dans l'Amour, d'une longueur d'environ 3 000 verstes. Le prince Volkonski et le général Salomka ont été chargés de créer une société, le "Syndicat russe", qui devait recevoir la concession du gouvernement. Les étrangers Barton et Baird ont été chargés de collecter des fonds pour la construction, dont le coût a été estimé à 129 millions de roubles. Cependant, selon le plan des initiateurs de l'affaire, le capital de la société devait s'élever à 161,5 millions de roubles, mais à la condition que le gouvernement lui accorde un prêt annuel de 6,1 millions de roubles en or[130][131] .

Cette disposition devait être valable pendant 65 ans. Le prêt était destiné au paiement des intérêts et à l'amortissement du capital, c'est-à-dire qu'il s'agissait d'une garantie de l'État. Apparemment, le capital devait être formé de manière traditionnelle, c'est-à-dire par la vente d'actions et d'obligations. Ainsi, selon le texte de l'accord, le capital d'un montant de 161,5 millions de roubles devait être constitué de la manière suivante :

1) 150 millions de RUB par le biais du nantissement d'instruments de dette (c'est-à-dire d'obligations) ;

2) 11,5 millions de RUB en raison des actions entièrement libérées.

Wharton Barker et George Baird se sont engagés à poser la ligne en 5 ans, à partir

---

[130]   Queen, G.S. Wharton Barker et les concessions dans la Russie impériale ... P. 207.
[131]   Ibid. p. 206.

du 1er janvier 1893 environ, et à mettre la route en service progressivement, par segments d'une centaine de verstes chacun.1

Sur la base de la durée d'amortissement des intérêts et du capital fixée à 65 ans, il s'ensuit que la durée de la concession aurait dû être la même, soit 65 ans, et le ratio prévu entre le capital social et le capital obligataire - 1 pour 13 - indiquait une concession ferroviaire vraiment importante.

Après la signature de l'accord, les perspectives de la concession, selon George Baird et le prince Volkonsky, étaient très optimistes, et à l'automne 1892, les choses allaient particulièrement bien à Saint-Pétersbourg. Il a été allégué que l'un des initiateurs du "Syndicat russe" a même réussi à connaître l'opinion du nouveau ministre russe des finances S. Witte sur la concession naissante. Comme l'a assuré M. Baird, le projet de concession a satisfait M. Witte à tous points de vue. De plus, Witte lui-même aurait déclaré qu'il avait personnellement proposé au gouvernement l'idée que le chemin de fer soit construit par des capitaux privés et non par le gouvernement et qu'il n'exigeait que des "garanties appropriées"[132][133].

Cependant, en raison de diverses circonstances, ni Barker ni les autres membres du syndicat n'ont pu obtenir l'approbation du gouvernement pour la concession. De plus, Barker a échoué dans sa tentative de mobiliser ne serait-ce qu'une petite partie des capitaux extérieurs à la Russie, qui n'étaient destinés qu'aux coûts préliminaires du projet. L'auteur de l'étude lui-même, George S. Quinn, a émis de grands doutes quant à la possibilité que la concession ait été délivrée, même si Barker avait réussi dans sa tentative.

Quant au comte Witte, comme l'écrivit J. S. Quinn, "Si le rapport de Baird sur lui était exact, Witte se montra plus tard un opposant à l'implication privée dans le secteur ferroviaire, bien qu'il encourageât activement les investissements privés, surtout étrangers, dans les entreprises industrielles telles que les usines, les mines de charbon et les usines sidérurgiques. On peut raisonnablement affirmer que l'opinion du jeune ministre des finances sur la manière de financer la construction des chemins de fer - par le trésor public ou par des fonds privés - à l'automne 1892 n'est pas encore arrêtée et qu'il

[132]   Queen, G.S. Wharton Barker et les concessions dans la Russie impériale ... P. 206.
[133]   Ibid. p. 210.

n'a pris une décision finale qu'en décembre, lorsqu'il s'est prononcé en faveur d'un programme de construction financé directement par le trésor public"[1].

Toutefois, il convient de noter que cette position de Witte concernait un projet spécifique - le Transsibérien. En effet, par le décret du 10 décembre 1892, l'Etat a résolu la question du financement de sa construction. Il a été proclamé que la construction de tous les tronçons du Transsibérien serait directement financée par le Trésor public, bien que le capital ait également été largement emprunté à des sources françaises et belges[134][135].

En affirmant que le chemin de fer transsibérien (sur toute sa longueur) ne peut pas être considéré comme un exemple de mise en œuvre d'accords de concession, il faut tout de même souligner qu'au tournant des XIXe et XXe siècles, de nombreux projets de concession des mêmes Américains étaient liés d'une manière ou d'une autre à la construction du chemin de fer transsibérien. Il s'agissait de l'extraction de l'or, de l'exploitation des fourrures et de la pêche, et de la construction de chemins de fer.

En particulier, la proposition de concession du général Butterfield de 1890 pour la construction d'une voie ferrée de Tcheliabinsk (ou Tioumen) à Vladivostok mérite l'attention. Dans le même projet de concession de 1890, le "chemin de fer cosmopolite" avec des branches du Transsib vers le sud et vers l'océan Pacifique a été proposé. Par deux fois - en 1895 et 1899 - Collis Huntington, un "roi" des chemins de fer américains, a proposé de construire un chemin de fer à vapeur autour du monde à travers l'océan Pacifique1.

En 1902-1905, il y a un projet grandiose de Loïc de Lobel, proposé d'abord par les syndicats de cheminots français puis américains. Il s'agissait d'une concession pour créer un chemin de fer continu de Paris à New York. Il était prévu de réaliser ce projet par le biais d'une connexion du Transsib avec le réseau ferroviaire en Alaska et de réaliser un tunnel sous le détroit de Béring. En Russie, les suggestions de W. Jackson concernant la construction de deux lignes de chemin de fer au nord du Kazakhstan et au sud de l'Oural, la construction de la section Amour du Transsib et la pose d'un réseau de petits canaux

---

[134]   Queen, G.S. Wharton Barker et les concessions dans la Russie impériale ... P. 213-214.
[135]   Ibid. p. 214.

pour créer une voie navigable continue Riga - Kherson[136][137] ont été envisagées et déclinées à de nombreuses reprises (en 1909).

2.2. Projets de transport par eau

Le ministère des chemins de fer de Russie (MPS) a reconnu l'importance de relier le bassin du Dniepr aux ports de la mer Baltique et de la mer Noire[138]. Mais aucun argument économique clairement formulé n'a été avancé pour justifier la nécessité de relier les deux mers. Seule l'importance militaire de la voie navigable mer Noire-baltique pour les navires de guerre était incontestée1.

En 1906, les employés de l'Administration des voies navigables et des routes intérieures de MPS ont commencé à développer une justification économique en faveur de la création de la voie navigable mer Noire-Baltique. Tout d'abord, il s'agissait du transport du charbon de Donetsk du port de Mariupol vers les ports russes de la Baltique, en passant par le Dniepr et la Dvina occidentale. En même temps, on doutait que la livraison du charbon par voie fluviale soit plus rentable que la livraison par voie maritime autour de l'Europe. Mais il y avait un argument sérieux - le transport maritime ne reliait que les points finaux (départ et livraison), et la livraison du charbon par les rivières permettait de répartir immédiatement les flux de charbon entre plusieurs points à l'intérieur de la Russie[139][140].

La voie navigable pourrait alléger considérablement la charge des chemins de fer russes. En raison de la croissance rapide du chiffre d'affaires du fret au début du XXe siècle, le réseau ferroviaire de la Russie européenne avait déjà commencé à faire face à l'incapacité d'effectuer tout le trafic à temps. "Et cette situation, avec le temps", a prédit V.M. Lokhtin, un ingénieur de l'administration, "va s'aggraver de plus en plus"[141].

Les routes étaient littéralement encombrées de cargaisons. La solution à cette

---

[136]   Kalmykov S.V. L'entrepreneuriat américain en Russie ... C. 273.
[137]   Ibid. C. 273-274.
[138] Matériel pour la description des rivières russes et l'histoire de l'amélioration de leurs conditions de navigation. Annexe au numéro IX. - SPb., 1906. C. 86.
[139]   Matériel pour la description des rivières russes ... C. 86.
[140]   Ibid. C. 86-88.
[141]   Ibid. Л. 89.

situation a été trouvée dans la coordination des projets de construction de chemins de fer et de voies navigables et la répartition des marchandises entre eux. Les chemins de fer devaient être responsables du transport rapide des marchandises de valeur et les voies navigables du transport des marchandises bon marché, mais volumineuses et massives. La route mer Noire - Baltique pourrait être responsable non seulement du transport du charbon, mais aussi du transport de tout ce qui est transporté par eau en grande quantité dans le bassin du Dniepr, comme les [142]matériaux de construction .

Le projet de la voie baltique de la mer Noire, en tant qu'objet d'importance nationale, a presque immédiatement attiré l'attention de grands capitaux privés russes et internationaux. A cette époque, non seulement la voie navigable de Kherson à Riga, mais aussi l'utilisation de l'énergie hydraulique des rapides du Dniepr ainsi que du canal Volga-Don semblaient être dans la zone d'intérêt des entrepreneurs. En avril 1912, un "Accord sur le Consortium pour l'enquête sur le canal du Don-Volga et du Dniepr" a été signé. L'accord a été signé par les banquiers russes influents V. I. Timiryazev (Banque russe du commerce extérieur), A. I. Putilov (Banque russo-asiatique) et A. A. Davidov (Banque privée de Saint-Pétersbourg). Les ingénieurs français A. Gollier et J. Chappuis, copropriétaires de la société anonyme "Batignolles"[1] ont adhéré à cet accord.

Dans ce projet, la priorité a été donnée à la voie navigable Dniepr-Dvina Ouest et à la régulation des rapides du Dniepr avec l'utilisation de leur énergie hydraulique pour la production d'électricité. En 1906 et 1909, un groupe de propriétaires de rapides dirigé par l'ancien fondateur de la "société russobelge des compagnies électriques" A. A. Hue avait déjà tenté d'obtenir une concession pour le projet Riga-Kherson. Le ministère des chemins de fer n'a pas soutenu cette idée[143][144].

En août 1912, Putilov et Davidov ont obtenu du MPS l'autorisation de réaliser des études pour le projet d'une voie d'eau dans les rapides du Dniepr. Le permis couvrait également les études pour le développement du projet de canal Volgo-Don. Immédiatement après, un nouvel accord de consortium a été signé entre un groupe de banques privées et internationales de Saint-Pétersbourg et le "groupe Gollier". Les

---

[142]   Ibid.
[143]   Dyakin V.S. Capitales allemandes en Russie (industrie électrique et transport électrique). - L. : Nauka, 1971. C. 180.
[144]   Ibid. C. 179.

54

banques russo-asiatiques et russes pour le commerce extérieur n'apparaissent pas dans le texte du contrat, bien que celui-ci ait été signé par A.I. Putilov. En l'occurrence, il a agi en tant que représentant de la banque privée, qui s'est vu confier la gestion des affaires du syndicat1.

Il a été décidé d'impliquer les plus grandes entreprises allemandes AEG, "Siemens-Galske" et les entreprises liées à Siemens pour développer le projet technique et la construction suivante. La société de construction française "Batignolles" et un certain nombre de sociétés minières et de construction suisses étaient également impliquées. Le syndicat s'appelait Don-Volga-Dnepr (DVD)[145][146]. Le plan était grandiose et ses objectifs étaient tout à fait transparents. En cas de réalisation de l'ensemble du projet, y compris la construction de la Volga-Don, du bassin de la Volga-Caspienne, du Don, de l'Azov et de la mer Noire, le Dniepr et la mer Baltique ont été reliés en voie navigable continue. La mise en œuvre de ces plans a été entravée par la Première Guerre mondiale.

Des projets de concession distincts concernaient le canal Volga-Don. En 1925, le Gosplan de l'URSS a admis qu'il ne disposait pas de données officielles complètes sur les propositions de concession relatives à la zone du bassin de la Volga dans la période pré-révolutionnaire. Une des raisons de cette situation est que de telles propositions, tant avant la révolution que sous le régime soviétique, n'ont pas été largement diffusées. Les experts du Gosplan ont utilisé des sources imprimées ainsi que des informations provenant de diverses personnes compétentes. C'est ainsi que deux propositions majeures de concessions pour la construction et l'exploitation du canal Volga-Don ont été connues. Le premier était lié au nom de l'ingénieur français Léon Drew, et le second appartenait aux demandeurs de concession russes - le prince N.B. Scherbatov et l'avocat assermenté P.P. Lyzhin[147].

Les initiateurs de la concession étaient des entrepreneurs de Rostov. Le 26 novembre 1884, le département de Rostov du Comité du commerce et de l'industrie a jugé nécessaire de soulever la question de la construction du canal Volgo-Don. À son tour, le 7 février 1885, la Douma de la ville de Rostov a soutenu cette décision. Le 14

---

[145]   Dyakin V.S. Les capitales allemandes en Russie ... C. 180-181.
[146]   Ibid. C. 181.
[147]   Voir GARF. F. R-8350. Op. 1. Д. 385. P. 6-3 ob.

juin 1885, l'empereur a donné l'autorisation d'arpenter les travaux de khutor Kalacha à Tsaritsyn à l'entrepreneur de Rostov P.R. Maksimov et à l'ingénieur français Léon Dru. Des entrepreneurs ont créé l'"'Association franco-russe pour les études du canal de la - Volga-Don", composée de 36 fondateurs1.

P.R. Maximov et son frère, V.R. Maximov, possédaient un certain nombre d'entreprises situées dans la région de la Volga-Don, dans le bassin de la Volga-Kama et dans le Caucase du Nord. Dans le district de Tsaritsynsky, les frères étaient - copropriétaires de la scierie et des magasins de bois d'Elshan ; à Rostov-sur-le-Don, ils possédaient une scierie, une fabrique de câbles et de clous, trois quais de marchandises, une fabrique de caisses, une usine de matériel agricole, un magasin de chanvre, des immeubles de grande hauteur rentables ; à Grozny et à Maïkop - des champs pétrolifères ; à Dubovka, Kalache et Kachalinsky - des entrepôts.

Dans les provinces de Vyatka, Nizhny Novgorod, Perm, Ufa, Kazan et Kostroma, ils possédaient plus de 142 000 dessiatinas de terres forestières. De gros capitaux ont été investis dans l'industrie du charbon du Donbass. L'activité des Maximov se caractérise par les chiffres suivants : en vingt ans (de 1861 à 1881), leur capital a été multiplié par plus de 26 et s'est élevé à plus de 3,5 millions de Br[148][149].

En 1887, Leon Drew développe un projet. Après cela, les entrepreneurs ont demandé au MPS de les prendre en considération et de leur accorder le droit de construire le canal[150]. Cette pétition se présentait sous la forme d'une proposition de concession. Ils ont demandé :

1. Reconnaître le canal entre la Volga et le Don comme une construction d'importance nationale et lui accorder tous les droits et privilèges attribués aux ouvrages d'État ;

2. Accorder le droit d'exploiter le canal pour une période de 99 ans, après quoi le canal avec toutes les infrastructures techniques serait donné à l'État ;

3. Interdire la construction d'une autre voie navigable à moins de 100 verstes du

[148]   Khlystov I.P. Don à l'époque du capitalisme : les années 60 - le milieu des années 90 du XIXe siècle. Essais sur l'histoire du sud de la Russie. - Rostov-sur-le-Don : Maison d'édition de l'Université de Rostov, 1962. C. 192.
[149]   Une plante en route. - Volgograd : Éditions Nizhne-Volzhskoe, 1970. C. 9-10.
[150]   GARF. F. R-8350. Op. 1. Д. 385. Л. 6.

canal pendant la durée de la concession ;

4. Accorder le droit d'utiliser les eaux terrestres et aériennes des deux côtés du canal pour son alimentation ;

5. Attribuer gratuitement les terres du Trésor et de l'armée du Don pour la construction du canal, ainsi que des terres privées - sur la base des lois sur l'aliénation des terres pour les constructions de l'État ;

6. Accorder le droit d'extraire gratuitement des pierres, du sable et d'autres matériaux de construction naturels des terres du Trésor et de l'armée pour la pose du canal et la construction de ses structures ;

7. Les entrepreneurs garantissent la construction du canal dans un délai de sept ans, à condition qu'il n'y ait pas de circonstances de force majeure ;

8. Lorsque le droit de passage est accordé à toute personne pour construire une voie ferrée, une route ou un chemin de terre traversant le canal, le financement de tous les travaux de préservation du canal et de suspension de la circulation sur celui-ci est à la charge de l'État ou des entrepreneurs qui ont obtenu l'autorisation de construire une telle route ;

9. Donner aux concessionnaires le droit d'établir les règles de pilotage des navires le long du canal après leur approbation par le ministère des transports ;

10. Établir une supervision gouvernementale des travaux de pose du canal et de la construction de ses structures, ainsi que du bon fonctionnement du canal et du pilotage ininterrompu des navires qui le traversent ;

11. Donner aux concessionnaires le droit d'importer en franchise de douane 400 000 canots de machines, d'appareils et de produits métalliques de l'étranger et de les exporter en franchise de douane après l'achèvement des travaux de construction du canal ;

12. Exonérer les concessionnaires de tout impôt et taxe pendant la durée de la concession, sauf pour "l'obtention d'un certificat de la première guilde" ;

13. Établir des redevances en faveur des concessionnaires pour le transport des cargaisons et l'escorte des navires le long du canal1.

Cette condition contenait également deux notes. La première stipulait le droit du concessionnaire d'exiger une réduction du tarif de pilotage des navires si l'entreprise concessionnaire réalisait un revenu net de 8%, mais le tarif ne pouvait être réduit de plus de 20%. Le deuxième billet garantissait le libre passage par le canal aux navires appartenant à l'État, à condition qu'ils ne transportent pas de cargaisons privées[151][152].

En plus de ces conditions, la demande des demandeurs de concession contenait deux autres conditions clés révélant le schéma de financement de la construction du canal et sa source. L'un d'entre eux énonçait le droit du partenariat de créer une société par actions conformément à la législation de l'Empire russe. La JSC ainsi formée a reçu le droit d'émettre des actions et des obligations pour un montant de 42 millions de roubles en argent, conformément aux estimations exécutives du projet, qui devaient d'abord être approuvées par le gouvernement[153].

Dans cet épisode, les candidats à la concession ont décidé de recourir au système d'attraction des capitaux propres et des capitaux obligataires largement utilisé en Russie.

Le fait que la société par actions envisagée avait l'intention de placer ses obligations exactement à l'étranger et d'attirer des capitaux étrangers pour financer le projet au moyen d'un prêt cautionné était attesté par une autre condition des demandeurs. Les entrepreneurs ont clairement déclaré : "La nécessité de lever 42 millions de roubles pour la société nécessiterait inévitablement l'aide de capitaux étrangers. Afin de pouvoir les attirer vers la cause, il est nécessaire que le gouvernement exprime de manière tangible sa sympathie pour la cause et son soutien. Il n'appartient pas au partenariat de décider de la manière dont il le fera. Qu'il s'agisse d'une garantie d'un certain pourcentage, d'une allocation annuelle en attendant que la cause se renforce, ou sous une autre forme, le gouvernement ne risquera guère une perte irrémédiable. Le trafic le long du canal augmentera rapidement et le gouvernement récupérera facilement ses coûts"1

En d'autres termes, les demandeurs s'attendaient principalement à ce que les - obligations émises par la société soient garanties par l'État, comme c'était généralement le cas pour les compagnies de chemin de fer.

En fait, les conditions avancées par les demandeurs de concession ont assuré au concessionnaire la position de monopoleur pour une période de 99 ans. Cette disposition

[151]   GARF. F. R-8350. Op. 1. Д. 385. P. 6 ob. - 5.
[152]   Ibid. Л. 5.
[153]   Ibid.

a donné au concessionnaire la possibilité de réaliser des bénéfices élevés et réguliers. Cependant, aucune disposition n'a été prise pour la participation de l'État aux bénéfices dans les conditions présentées. Il est également peu probable que l'État puisse accepter d'exonérer complètement l'entreprise de taxes et de redevances pendant toute la durée de la mise en œuvre de la concession. Dans ce cas, les budgets nationaux et locaux perdraient une source supplémentaire et stable de leur future reconstitution. En règle générale, la pratique des concessions permettait une exonération totale des taxes et redevances uniquement pour la période de construction de l'entreprise et la période initiale de son exploitation.

Le ministère des transports a estimé que l'aspect financier de l'entreprise n'était pas clair, de sorte que l'examen de l'aspect technique du projet de l'ingénieur Leon Drew a été reporté, et finalement la proposition de concession a également été rejetée[154][155].

La deuxième offre de concession est arrivée bien plus tard que celle de L. Drew et P.R. Maximov. Le 25 novembre 1906, le prince N.B. Scherbatov et l'avocat assermenté P.P. Lyzhin ont adressé la pétition au ministre des transports N.K. Schaffhausen-Schönberg-Ek-Schaufus. Ils ont demandé de l'aide pour obtenir l'autorisation "la plus élevée" de faire des relevés et des dessins pour un canal et une écluse sur le chemin du Don, de la ferme Kalacha à Rostov-sur-le-Don. Les concédants aspiraient à recevoir la concession dont ils ont défini la durée en 99 ans. Ils ont promis de commencer les travaux dans les trois ans suivant la date de l'autorisation et de mettre en œuvre le projet en six ans1.

Les candidats à la concession avaient initialement l'intention de mettre en œuvre la concession sans aucune garantie du gouvernement sur le capital de leur entreprise. Il était entièrement basé sur des investissements privés. Les demandeurs avaient l'intention de rembourser le capital investi en prélevant des frais pour le transport de marchandises non seulement le long du canal, mais aussi le long du Don. Dans le même temps, les entrepreneurs ont insisté sur la suppression des droits perçus par Girlov et les comités du fleuve Don[156][157].

---

[154]   GARF. F. R-8350. Op. 1. Д. 385. P. 5 sur.
[155]   Ibid. P. 5 ob., 7.
[156]   GARF. F. R-8350. Op. 1. Д. 385. P. 3 vol.
[157]   Ibid. Л. 4.

La suppression des droits perçus par les comités aurait pu nuire à l'état et à la sécurité de la navigation sur le Don. Par exemple, au sein du Comité des bras du Don, dont le statut a été adopté le 29 avril 1865 par l'empereur Alexandre II, on a chargé de dégager et de maintenir les bras du Don (c'est-à-dire les bras et les chenaux de l'estuaire) dans un état convenable pour le passage des navires ainsi que de contrôler l'observation des règles de navigation par les navires. Le Comité, "dans la mesure du possible", a fourni une assistance directe à la navigation en remorquant des navires et des radeaux, en les guidant à travers les embouchures et le long du [158]Don jusqu'aux quais de Rostov-Nakhitchevan.

La pétition de Shcherbatov et Lyzhin a été examinée par le département des voies navigables et des autoroutes du MPS. Le ministre, après avoir pris connaissance du rapport du ministère, a accepté de ne donner aux demandeurs l'autorisation que pour les travaux d'arpentage nécessaires au développement du canal et des projets d'écluses du Don. En même temps, la question de la concession de la construction et de l'exploitation de l'entreprise était prématurée de l'avis du ministre. L'argument était qu'à cette époque, les entrepreneurs ne disposaient pas d'informations complètes sur la nature des constructions, le coût et la composition des ouvrages. De plus, les responsables du MPS soupçonnaient fortement que les entrepreneurs pourraient se passer du travail d'enquête1.

On sait que des cartes hypsométriques donnant une représentation géométriquement précise du terrain ont été incluses dans le livre "Projet du Canal entre le Don et la Volga" de Léon Drew, publié en 1886 à Paris[159][160].

En 1909, Shcherbatov et Lyzhin ont présenté leur projet de canal dans une note spéciale envoyée au MPS. Une commission spéciale a été créée pour l'examiner à l'Administration des voies navigables, qui a conclu que les aspects techniques et financiers du projet étaient tout à fait réalisables, ce qui a été porté à l'attention du ministre. La pétition des entrepreneurs pour une concession a également été portée à son attention. Le ministre des transports a décidé d'entamer des consultations avec le

[158]   Rapport du Comité des guildes du Don pour 1910. - Rostov-sur-le-Don, 1911. C. 1.
[159]   GARF. F. R-8350. Op. 1. Д. 385. Л. 4.
[160] Ibid. Voir aussi : La grande encyclopédie soviétique. T. 12. - M. : Encyclopédie Sovetskaya, 1928. C. 722.

ministère des finances avant de soumettre la question à une décision "substantielle". Il voulait s'assurer que le projet présenté était financièrement réalisable[161]. L'affaire s'est soldée par un échec.

Deux ans plus tard, le 28 novembre 1911, Scherbatov et Lyzhin ont de nouveau demandé une concession. Dans la nouvelle pétition, la construction du canal Volga-Don était en outre liée à l'amélioration de la navigation sur le Don. Selon l'idée des demandeurs, elle devait assurer un passage continu des navires de type Volga vers la mer d'Azov. Les entrepreneurs ont demandé le droit de créer une société par actions et de constituer un capital social et un capital obligataire dans une proportion de 1 à 8^{162} dans le but de financer les projets exécutifs.

Une construction telle que la construction d'une voie navigable continue de la Volga à la mer d'Azov ne pouvait pas être reconnue comme une grande entreprise. Selon une évaluation un peu plus tardive, les travaux sur le Volgo-Don devaient à eux seuls représenter environ la moitié de la portée de la construction du canal de Panama. Par conséquent, le Volgo-Don a été reconnu comme une construction d'importance non seulement russe mais aussi mondiale1. Les demandeurs avaient l'intention de lever plus que des fonds importants dans le capital social de la société, en s'appuyant moins sur le capital obligataire, qui était traditionnellement levé à l'étranger. Peut-être est-ce le reflet de cette période de l'histoire russe, lorsque le besoin du pays d'un large afflux de capitaux étrangers a commencé à diminuer.

Contrairement à leur proposition initiale, les candidats avaient déjà compté sur une garantie de l'État pour le capital social et les obligations. Il s'agissait d'une garantie du gouvernement pour le paiement d'un dividende de 3 % par an sur le capital social. Elle devait être valable pendant toute la période de construction jusqu'à l'ouverture du trafic régulier sur le canal. La garantie de l'État sur le capital cautionné a été assurée pendant toute la durée de la concession. En ce qui concerne la répartition des bénéfices, les

---

[161]   GARF. F. R-8350. Op. 1. Д. 385. P. 4 on.
[162]   Ibid.

candidats à la concession ont proposé d'utiliser la répartition proportionnelle entre le -
capital social et le capital obligatoire (1 à 8) utilisée dans les [163][164]sociétés de chemin de
fer.

Les entrepreneurs ont proposé d'établir une concession de 99 ans pour
l'exploitation du canal et de toutes les structures artificielles du Don. Mais dans ce cas,
ils ont stipulé pour le concesseur le droit de rachat anticipé du canal dans les 30 ans
suivant l'ouverture du trafic régulier sur celui-ci. En outre, toutes les constructions sur le
fleuve Don pourraient être rachetées par l'État immédiatement après l'ouverture du
trafic[165]. Ainsi, le droit de rachat anticipé du canal et des structures du Don est venu avant
les termes acceptés à l'époque, c'est-à-dire avant *le Ug et le %* du terme de la concession.

La dernière condition avancée par Scherbatov et Lyzhin concernait les éventuels
projets techniques alternatifs pour la voie navigable Volga-Don.

Ils ont proposé de construire les installations selon leurs plans ou, à la demande du
gouvernement, selon les plans du MPS. En cas de préférence pour le projet d'État, les
entrepreneurs ont promis de couvrir tous les coûts de son développement. La proposition
de concession du prince N.B. Scherbatov et de P.P. Lyzhin a été rejetée[166].

La raison de ce rejet pourrait être le projet du syndicat du Don-Volga-Dnepr de
fusionner les travaux d'étude et de conception pour la création des voies navigables
Volga-Don et Dneprovsko-Zapadnodvinsk.

Chapitre III
CONCESSIONS MUNICIPALES

3.1. Exploitation des concessions municipales

Les concessions municipales ont vu le jour avec l'apparition des chemins de fer à
cheval et des tramways, de l'éclairage au gaz et à l'électricité, de l'approvisionnement en
eau, des égouts et du téléphone. L'économie municipale comprenait les bains publics, les

---

[163]   RGAE. Ф. 3665. Опт. 1. D. 18. p. 3 vol.
[164]   GARF. F. R-8350. Op. 1. Д. 385. Л. 3.
[165]   Ibid.
[166]   GARF. F. R-8350. Op. 1. Д. 385. Л. 3.

blanchisseries, les services d'amélioration municipale, les bureaux agronomiques et -
vétérinaires, les établissements d'enseignement et de soins de santé, les hôtels, les -
maisons de recettes, les briqueteries, les logements, les abattoirs avec dépendances, etc.
Avant la révolution, les services communaux étaient sous la juridiction du ministère de
l'Intérieur de Russie, qui disposait d'un département communal spécial.

L'exploitation d'installations telles que les transports publics, l'éclairage électrique
et au gaz, l'approvisionnement en eau et l'assainissement est associée à l'utilisation des
terres urbaines. Dans les rues et sur les places, il est nécessaire de poser des tuyaux, des
rails, d'installer des poteaux, etc. La participation privée à l'exploitation de ces
installations a été autorisée dans l'Empire russe par la conclusion d'un accord de
concession. L'espace urbain a été retiré du chiffre d'affaires civil commun pour être utilisé
à des fins privées. Naturellement, la concession était exclue lorsque lesdites entreprises
étaient créées aux dépens de l'État, des zemstvos ou des villes elles-mêmes.

Le développement des entreprises municipales en Russie a été encouragé par le
"Statut Zemstvo" de 1864 et le "Statut Gorodovoye" de 1870, qui ont été publiés par
Alexandre II dans le cadre de ses réformes. Ces lois sur l'autonomie locale ont transféré
les questions de développement économique urbain à l'autorité directe des zemstvos et
des villes, qui ont obtenu le droit d'accorder des concessions. L'objectif principal des
concessions municipales était de promouvoir l'amélioration du cadre de vie de la
population. Par conséquent, "l'octroi de *res publicae* (choses du peuple) pour une
exploitation privée est en fin de compte dans l'intérêt du public. Si la concession
d'installations minières, de sous-sol, de chemins de fer poursuit ces objectifs à l'échelle
nationale, alors la concession d'entreprises municipales réduit cet objectif à la taille d'une
ville ou d'une province"[1].

La part du capital des concessionnaires dans l'économie municipale de la Russie
tsariste était plus que considérable. Sur le montant total des investissements dans cette
industrie au début de la première guerre mondiale, ils représentaient 75% des fonds
investis dans les sociétés de tramway ; près de 50% des fonds investis dans l'électricité ;
30% des fonds investis dans l'approvisionnement en eau ; 90% des fonds investis dans

l'approvisionnement en gaz (usines à gaz) [167][168].

Au total, dans la Russie pré-révolutionnaire, les concessionnaires ont investi dans les entreprises municipales (entreprises de tramways, centrales électriques, approvisionnement en eau, égouts, usines à gaz) environ 484 millions de roubles en or[169], ce qui dépasse 60 % de tous les investissements destinés au développement de cette industrie. Mais ce montant doit être considéré comme incomplet si l'on tient compte des investissements des concessionnaires dans l'aménagement des téléphones urbains d'usage individuel et commun.

Pour donner une image générale de l'état des services publics dans l'Empire russe, il faut admettre qu'en chiffres absolus, le nombre de services publics dans le pays était relativement faible. Au début de la Première Guerre mondiale, il y avait 36 compagnies de tramway (sans compter les chemins de fer à cheval) pour 1063 villes et grandes colonies de l'empire ; environ 500 services publics ; 219 compagnies d'approvisionnement en eau ; 32 services publics de gaz. Seules 19 villes disposaient d'[170]égouts à radeaux techniquement avancés. Naturellement, les services publics étaient surtout représentés dans les plus grands centres industriels et culturels. Le fonctionnement des entreprises communales a apporté 18 à 20 % de l'ensemble des recettes aux budgets des villes1.

Cette industrie était à l'époque attrayante pour les investisseurs étrangers. Selon les estimations de L.G. Liandau, le montant total des capitaux étrangers investis dans l'économie municipale russe jusqu'au début de la Première Guerre mondiale était estimé à 230 millions de roubles en or, et selon le montant total des investissements de capitaux étrangers dans l'économie de l'Empire russe, l'économie municipale occupait la troisième place après les industries minières et métallurgiques [171][172].

En termes de "nationalité" des capitaux étrangers, les concessions municipales en

[167]   Voir : Landau B.A. Droit de concession de l'Union de la RSS ... C. 15-16.
[168]   GARF. F. R-5446. Op. 55. Д. 2082. L. 18 ob. 16, 15, 13.
[169]   Concessions en matière de logement, de services publics et de transport en Russie et en URSS ... C. 160.
[170]   GARF. F. R-5446. Op. 55. Д. 2082. L. 19-15 ob.
[171]   Concessions en matière de logement, de services publics et de transport en Russie et en URSS ... C. 189.
[172] Voir : Lyandau L.G. Les capitaux étrangers dans la Russie pré-révolutionnaire et l'URSS. - Moscou ; L. : Maison d'édition d'État, 1925. C. 8-10.

Russie se répartissent principalement comme suit :

- les entreprises de fourniture d'électricité et de gaz - la capitale allemande ;
- les chemins de fer urbains (tramways et tramways à chevaux) - la capitale belge

;

- téléphone - capitale[173] suédo-danoise .

Tous les concessionnaires (russes et étrangers) ont fait d'énormes investissements, 260 millions de roubles d'or, dans la création et l'exploitation d'**entreprises de tramway,** ce qui était motivé par la forte rentabilité de cette industrie[174]. Les principaux - concessionnaires étaient les Belges ; en fait, la construction de chemins de fer urbains dans le monde entier était leur "spécialité". Le professeur V. I. Bovykin et V. Peters a qualifié les chemins de fer urbains de branche "purement belge" de l'esprit d'entreprise, où à la fin du XIXe siècle les Belges dirigeaient plus des $2/3$ de leurs investissements étrangers. Et si, plus tard, la première place a été accordée aux investissements dans l'industrie minière et métallurgique, il n'en reste pas moins qu'en 1914, environ 30 % des investissements de capitaux belges à l'étranger tombaient précisément sur la part des chemins de fer urbains. La Russie se trouvait également dans la zone de "spécialisation" mondiale des Belges - ici, en 1890, plus de $175/3$[176]des investissements belges "tombaient" sur le transport urbain1.

Mais il est bon de rappeler qu'en 1876, l'ingénieur militaire russe Fyodor Apollonovich Pirotsky a inventé une méthode de transmission du courant électrique le long des rails de chemin de fer2. Le premier en Russie et le quatrième en Europe, le tramway à courant continu, est apparu à Kiev en mai 1892. Il a été conçu selon la méthode de Pirotsky et construit par l'ingénieur, le major-général Amand Yegorovich Struve, qui dirigeait le conseil d'administration de la JSC "Chemins de fer de la ville de Kiev".

La nécessité d'organiser le trafic à Kiev avec l'électricité est due au terrain vallonné de la ville, qui pose des difficultés importantes aux chemins de fer urbains desservis par

---

[173]   GARF. F. R-8350. Op. 1. Д. 546. Л. 369.
[174]   Concessions en matière de logement, de services publics et de transport en Russie et en URSS ... C. 151.
[175]La méthode de transmission de l'énergie électrique sur de longues distances par des fils a été découverte un peu plus tard.
[176] Bovykin V.I., Peters V. Belgian entrepreneurship in Russia // Entrepreneuriat étranger et investissements étrangers en Russie. - Moscou : Encyclopédie politique russe (ROSSPEN), 1997. C. 229.

la traction à cheval et à vapeur. Ces difficultés sont devenues particulièrement évidentes lorsqu'il a fallu relier les quartiers les plus animés de la ville, à savoir Khreshchatyk et Podol, par des rails. Elle ne pouvait se faire que par la descente Alexandrovsky, qui avait une pente trop raide. Pour le surmonter par une traction à cheval, il faudrait un effort de 10 chevaux. Avec la traction à vapeur, il fallait des "machines à vapeur" d'une nouvelle conception, car les systèmes existants de Kiev n'étaient pas assez puissants pour desservir la nouvelle ligne[177].

À la veille de la Première Guerre mondiale, des trams ou des tramways tirés par des chevaux étaient disponibles dans 55 villes russes. Dans 25 villes, ces entreprises étaient exploitées par des concessionnaires belges qui, dans un certain nombre de cas, concentraient également l'éclairage électrique dans leurs mains. Il convient de noter que les concessions ont été principalement obtenues par les sociétés belges de transport et d'éclairage électrique, qui ont été créées par des groupes de holding qui contrôlaient de nombreuses filiales en Belgique même et dans d'autres pays. Au total, 25 entreprises belges étaient actives dans le secteur municipal russe. 22 d'entre eux appartenaient aux six groupes suivants :

- "Groupe Empain" (Groupe Empain) ;
- "Groupe Thys" (Groupe Thys) ;
- "Union des Tramways" (Union des Tramways) ;
- "La So- ciete Generale de Tramways et d'Application d'Electricite" ;
- "Association générale des entreprises électriques de Belgique". (So- ciete Generale belge d'Entreprises Electriques) ;
- "Compagnie Mutuelle de Tramways"[1].

Le groupe Ampain est considéré comme un pionnier des chemins de fer urbains utilisant l'énergie électrique en France, en Espagne, en Égypte et en Chine. Elle a été créée en 1881 autour de la banque Ampan à Bruxelles. Les sociétés représentant ce groupe en Russie ont travaillé à Kishinev, Astrakhan, Tachkent et Berdichev. Le "Tis Group" est né à Anvers au début du XXe siècle et son noyau était constitué de la Banque des rapports, des fonds publics et des dépôts et de l'"Union anversoise des tramways et

---

[177] Mode opératoire de Kamenetsky Les premières centrales électriques russes. - M.-L., 1951. C. 91.

66

des entreprises électriques".

En 1905-1912, le groupe a ouvert des entreprises de tramways à Kiev, Saratov et autour de Saint-Pétersbourg, qui étaient considérées comme les plus grandes et les plus rentables entreprises de transport urbain en Russie. Le troisième groupe, "Tramway Union", a été fondé sur la base du groupe de tramway d'Eduard Otle, qui a fondé des entreprises de transport urbain à Odessa, Kharkov, Moscou, Kazan, Belostok, Orel, Vitebsk et Saint-Pétersbourg dans les années 1880 et 1890. Par la suite, le groupe n'a conservé que les entreprises de Kharkov, Moscou et Saint-Pétersbourg, mais a acquis une société de tramway existante à Tiflis[178][179].

La "Société générale des tramways et de l'application de l'électricité" a été créée en 1897 et représentait le groupe liégeois, qui a créé des sociétés de tramways à Sébastopol, Kremenchoug et Yaroslavl à la fin des années 1890. Plus tard, cette société a absorbé les sociétés de tramway de Nikolaev et de Revel. L'une des plus importantes est la "General Belgian Electric Company", fondée en 1895 et qui investit dans l'industrie électrique à travers le monde. En Russie, ce groupe possédait des entreprises de tramway à Odessa et Simferopol, qui ont été fusionnées en 1911 en une seule société sous le nom de "Tramways et électricité en Russie". Enfin, le sixième groupe en Russie était représenté par la "Compagnie mutuelle des tramways", qui a été fondée en 1895 par l'entrepreneur belge Charles Charlier et l'ingénieur russe I.A. Likhachev. La société était active dans le monde entier, notamment en Russie. Elle contrôlait des sociétés de transport urbain à Kazan, Koursk, Bialystok et Orel. Elle a participé à des sociétés opérant à Odessa, Kiev et Saratov1.

Tous les groupes belges qui ont obtenu des concessions dans les villes russes ont eu un avantage indéniable sur les autres candidats. Leurs liens étroits avec les banques de Bruxelles, d'Anvers et de Liège leur ont permis de mobiliser relativement facilement les capitaux nécessaires à leurs entreprises en Russie. Les sociétés contrôlées par des groupes belges sont dispersées dans le monde entier et leur rentabilité dépend moins des fluctuations des marchés nationaux spécifiques et ces fluctuations ont moins d'impact sur

---

[178]   Bovykin V.I., Peters V. L'entrepreneuriat belge en Russie ... C. 230-231.
[179]   Ibid. C. 230.

l'économie urbaine que sur le secteur industriel[180][181].

Malgré tous les avantages, les Belges ont dû faire face à certaines difficultés en Russie. Lors de l'organisation des entreprises municipales, il était nécessaire non seulement d'obtenir l'autorisation obligatoire pour toute entreprise étrangère auprès des plus hautes autorités de l'État pour ouvrir des opérations dans le pays, mais aussi d'obtenir l'octroi d'une concession de la part des autorités municipales. L'obtention d'une concession municipale nécessite la connaissance du droit général, des conditions locales et des coûts assez importants. Les frictions avec les autorités de la ville concernant le coût des services fournis - les tarifs - étaient courantes. Les autorités ont toujours essayé de les faire réduire. Il y a eu de graves différends concernant les menaces des autorités d'exercer leur droit de racheter l'entreprise concessionnaire, bien que ces menaces aient souvent été utilisées par les autorités de la ville pour faire pression sur le concessionnaire. Cependant, à la veille de la première guerre mondiale, lorsque les entreprises municipales ont affiché une rentabilité élevée, les autorités ont déjà consciemment cherché à les faire entrer en possession de la ville afin d'améliorer leur situation financière1.

L'industrie municipale de l'énergie électrique était considérée comme l'un des secteurs les plus prospères de l'économie urbaine de l'Empire russe. Le début de la construction des premières centrales électriques en Russie remonte à la seconde moitié du XIXe siècle. En 1905, il y avait 80 villes en Russie avec des centrales électriques centralisées, et dans 21 d'entre elles, les centrales appartenaient aux gouvernements - municipaux. De 1905 à 1910, des centrales électriques ont été construites dans 26 autres villes, dont 13 aux frais des municipalités elles-mêmes. En 1914, il y avait déjà plus de 500 centrales électriques publiques en Russie. Les centrales électriques publiques centrales étaient des entreprises rentables pour les municipalités. Par exemple, en 1912, les revenus des centrales électriques s'élevaient à 5,4 millions de roubles, alors que les dépenses s'élevaient à 2,3 millions de roubles. Ainsi, en 1912, les budgets des villes ont été renfloués de plus de 3 millions de roubles grâce à l'exploitation des installations électriques [182][183].

---

[180] Bovykin V.I., Peters V. L'entrepreneuriat belge en Russie ... C. 231.
[181] Ibid.
[182] Bovykin V.I., Peters V. L'entrepreneuriat belge en Russie ... C. 231-232.
[183] Concessions en matière de logement, de services publics et de transport en Russie et en URSS ...

En 1912, les recettes des centrales électriques municipales, qui étaient utilisées à titre de concession, devaient s'élever à environ 1,2 million de roubles, soit près de la moitié de toutes les recettes des budgets municipaux provenant de l'exploitation des centrales électriques. Au total, les concessionnaires ont investi 77 millions de roubles dans l'industrie électrique municipale de la Russie tsariste, soit près de la moitié du capital total investi dans cette industrie1.

La capitale allemande a joué un rôle énorme dans le secteur de l'électricité municipale russe, et le début de l'électrification de la Russie a été posé par Karl Siemens - le frère du fondateur du grand groupe électrique allemand Werner Siemens[184][185].

Il n'est pas rare que les compagnies d'électricité allemandes participent à l'industrie électrique de l'économie des villes russes sur la base de principes de concession. Par exemple, en 1909, la compagnie électrique allemande Gezfürel a reçu du gouvernement russe l'autorisation de faire des affaires directement en Russie. La même année, la firme a entamé des négociations pour obtenir une concession pour la construction de la centrale électrique de Dvinsk (depuis 1917 - Daugavpils, Lettonie), et en 1912, elle a fondé la "Société électrique de Bialystok". Avec le déclenchement de la Première Guerre mondiale, dans l'esprit de la lutte contre la "domination allemande", Geisfürel s'est vu retirer sa licence d'exploitation dans l'Empire russe et ses entreprises en Russie ont été mises sous séquestre[186].

L'activité de la capitale allemande se manifeste dans la construction de la centrale électrique de Bogorodskaya près de Moscou. En janvier 1912, un grand consortium international a été créé pour sa construction. Elle se composait de la Deutsche Bank, de la Banque pour le commerce et l'industrie, de l'"Elektrobank", de la "Société suisse de l'industrie électrique" ("Indelek"), de la "Société allemande d'électricité et de lumière" ("Elunkala") et de la "Société 1886", fondée par "Siemens et Galske". Les entreprises allemandes ont joué le rôle principal dans le consortium. En mai 1912, la "Compagnie d'éclairage électrique de 1886" de Siemens a signé un contrat avec la Pravda de

C. 152-153.
[184] Concessions en matière de logement, de services publics et de transport en Russie et en URSS ...P. 153.
[185] Voir : Kurzel G. Revue historique : les entreprises allemandes en Russie avant 1914 // Deutschland. N° 1/99 février-mars. C. 34.
[186] Voir : Dyakin V.S. Les capitales allemandes en Russie ... C. 96, 106-107, 177, 225.

Bogorodsk pour le droit exclusif de poser des câbles à travers le territoire de Bogorodsk afin d'alimenter Moscou en énergie électrique. Au printemps 1913, la "Compagnie d'éclairage électrique de Moscou" a été créée, à laquelle ont été transférés les contrats de la "Compagnie de 1886". La centrale électrique de Bogorodsk est devenue opérationnelle le 19 février 19141.

La "Société d'éclairage électrique de 1886" a été créée en Russie par Siemens & Galske en 1886. À son conseil d'administration se trouvait Carl Siemens, qui a épousé une femme russe allemande et a pris la nationalité finlandaise, ce qui lui a donné le droit d'être considéré comme un marchand russe de la première guilde et de recevoir tous les privilèges qui lui sont dus. Ses deux filles ont épousé des sujets russes. Entre 1896 et 1913, le capital social de la "Société de 1886" est passé de 6 millions à 60 millions de roubles. Le professeur I.A. Diakonova a cité V.S. Ziv qui a qualifié cette entreprise de "noyau de toute l'industrie électrique russe". Elle avait ses propres usines à Saint-Pétersbourg, Moscou, Lodz et des succursales à Bakou. En 1897, la "Société de 1886" a reçu la concession pour l'éclairage de Pétersbourg pour 40 ans, ainsi que les concessions pour l'éclairage de Moscou (pour 50 ans, depuis 1895) et de Lodz (pour 40 ans, depuis 1909)[187][188].

Le capital russe de cette société appartenait à un endroit très modeste. En 1889, les Russes possédaient 3 % des actions ; en 1895, leur nombre est passé à seulement 12 %. L'Anglais Thornton possédait un petit nombre d'actions - 7 %. La majeure partie de la capitale appartient aux Allemands. Carl Siemens lui-même s'est nettement distingué à cet égard. Lors de la première émission d'actions en 1886, il en possédait 82,5 %. Bien que dans les années suivantes, sa part personnelle soit tombée à 30 %, la part des actions détenues par lui, sa famille et ses proches employés a toujours dépassé les 50 %[189].

Malgré cela, la gestion technique de la "Société de 1886" était largement concentrée dans les mains des spécialistes russes. Les trois premières années d'existence de la société, son directeur général était Alexey Troitsky, qui, depuis 1883, était

[187]   Dyakin V.S. Les capitales allemandes en Russie ... C. 174-175.
[188] Dyakonova I.A. Investissements allemands directs dans l'économie de la Russie impériale // Entrepreneuriat étranger et investissements étrangers en Russie. - Moscou : L'encyclopédie politique russe (ROSSPEN), 1997. C. 132-134.
[189]   Mode opératoire de Kamenetsky Les premières centrales électriques russes... C. 41.

responsable de la station Siemens pour l'éclairage du Nevsky Prospect. La partie technique de la société était dirigée par Nikolay P. Bulygin, un éminent ingénieur électricien russe et l'un des plus proches collaborateurs de l'éminent scientifique et ingénieur électricien P. Yablochkov. Il faut noter qu'en 1877, Bulygin, ingénieur, était à la tête du service d'éclairage électrique de la flotte russe. Parmi les cadres techniques de la société se trouvait le technicien A.A. Spitsyn, qui travaillait au bureau de Moscou, et en 1892 - 1893 le technicien de la centrale électrique centrale de Moscou de la société était Cheslav Ki-ranovich Skrzhinsky, qui a beaucoup contribué à la construction des premières centrales électriques en Russie1.

Outre les chemins de fer urbains et les centrales électriques, d'autres secteurs de l'économie municipale ont également attiré des capitaux de concessionnaires. Presque tous les secteurs étaient très rentables. Par exemple, **l'industrie de l'approvisionnement en eau, bien qu'à** un faible niveau de développement technique, notamment en matière de purification de l'eau, était rentable en raison des tarifs élevés. Au début de la Première Guerre mondiale, il n'y avait que 219 villes dans la Russie tsariste, ce qui représentait seulement 20% de toutes les villes et grandes agglomérations du pays. Les concessionnaires étaient relativement actifs dans cette industrie, et avant la Révolution, ils ont investi environ 74 millions de roubles dans sa création et son développement, ce qui représentait 30 % de tous les investissements en capital réalisés dans le système d'approvisionnement en eau des villes russes[190][191].

Le gaz a toujours été utilisé dans l'industrie et dans la vie de tous les jours, bien que la **production de gaz en** Russie ne fasse que commencer à se développer. Avant la Première Guerre mondiale, le pays ne comptait que 32 usines à gaz communes, principalement dans la partie occidentale de l'empire. Les concessionnaires ont joué un grand rôle dans la création de cette industrie. Ils ont investi 57 millions de roubles dans l'industrie du gaz, ce qui représente 90 % de tous les investissements dans le système d'approvisionnement en gaz de la ville. Les usines à gaz de l'Empire russe se caractérisaient par leur rentabilité et donnaient un bénéfice net, exprimé en 6-10 % par

---

[190]   Mode opératoire de Kamenetsky Les premières centrales électriques russes... C. 42, 126.
[191]   Concessions en matière de logement, de services publics et de transport en Russie et en URSS ... C. 153, 155.

rapport au capital fixe1.

La branche la plus désorganisée et la plus en retard était le **système d'égouts**. Avant la Première Guerre mondiale, seules 19 villes (1,8 % de toutes les villes et des grandes agglomérations de l'empire) disposaient de systèmes d'égouts à radeaux techniquement avancés. Le reste des villes et des agglomérations a été nettoyé par l'évacuation des eaux usées. Grâce à l'abandon des concessions, l'industrie a pu attirer environ 15 millions de roubles, à quelques exceptions près, toutes ces concessions ont été cédées à des entrepreneurs privés nationaux. Les entreprises de traitement des eaux usées (drainage) en Russie n'étaient pas rentables. Pour compenser les pertes, l'approvisionnement en eau et l'assainissement ont été réunis en un seul complexe ("Vodokanal")[192][193].

Le capital des concessionnaires a joué un rôle énorme dans la construction et l'exploitation du **réseau téléphonique de la ville**. Au départ, la création et l'exploitation des réseaux téléphoniques en Russie sur la base d'une concession ont été faites par les Américains. Il s'agit plus précisément de l'International Bell Telephone Company (IBTS). Son fondateur est le talentueux ingénieur et entrepreneur Alexander Graham Bell, un Anglais qui a pris la nationalité américaine. En 1876, il reçoit un brevet aux États-Unis pour un appareil téléphonique qu'il a inventé. Pour exploiter son invention, Alexander Bell a créé une société qui a fusionné avec la firme rivale du tout aussi célèbre et talentueux Thomas Alva Edison en 1880. La société d'Edison (United Telephone Co.) était titulaire de brevets similaires. En 1881, sur sa base, plusieurs compagnies de téléphone de A.G. Bell - "American", "Continental", "International", "Tropical" et "Eastern". Le plus important était

---

[192]   Concessions en matière de logement, de services publics et de transport en Russie et en URSS ... C. 157-158.

[193]   Ibid. C. 155-156.

"Bell International Telephone Company", qui a obtenu des concessions pour l'installation de réseaux téléphoniques dans 26 villes d'Europe occidentale et de l'Empire russe1.

En 1881, le Comité des Ministres a approuvé les conditions standard de la concession téléphonique à la demande du ministère russe des Postes et des Télégraphes (qui a existé du 6 août 1880 au 16 mars 1881). Selon eux, le concessionnaire était autorisé à exploiter le réseau téléphonique qu'il avait créé pendant 20 ans, mais le gouvernement avait le droit de racheter la concession après 7 ans. La même année, 1881, le gouvernement a conclu des contrats de concession avec un entrepreneur privé pour la construction de réseaux téléphoniques à Saint-Pétersbourg, Moscou, Riga, Odessa et Varsovie. Cependant, l'entrepreneur ne s'est jamais mis au travail et a cédé ses droits à un tiers, la société internationale d'Alexander Bell[194][195]. Dès lors, jusqu'en 1901, la firme de Bell détient[196] les concessions des réseaux téléphoniques de la capitale et des plus grandes villes de l'empire.

En 1888, le gouvernement russe a précisé les conditions des activités de la société américaine dans le pays. Elle a été chargée de se limiter exclusivement à la construction et à l'exploitation des réseaux téléphoniques dans les cinq villes mentionnées, ainsi qu'à Lodz, et ce pour la durée et sur la base des contrats mentionnés en 1881. La société Bell s'est également engagée à établir une agence en Russie et à donner des informations complètes sur ses activités dans le pays. La société a commencé à travailler activement, et le 1er juillet 1892, l'ouverture officielle du central téléphonique de Moscou a eu lieu.

Au début des années 1890, elle a procédé à une importante reconstruction des - installations de la gare et des lignes, à la suite de quoi le service téléphonique a également fait son apparition dans les banlieues de Saint-Pétersbourg et de Moscou. En 1900, les concessions de Bell ont expiré et n'ont plus été renouvelées. En novembre de la même année, le Département principal des postes et des télégraphes du ministère russe de l'intérieur a organisé une vente aux enchères, et l'exploitation des réseaux téléphoniques à Moscou et à Odessa

---

[194]   Kalmykov S.V. L'entrepreneuriat américain en Russie ... C. 245.
[195]   Ibid.
[196]   Voir : Zhirnov E. Chant de la pipe varangienne // Dengi. № 6(461). 16 février 2004. p. 95.

est passée aux mains de sociétés par actions spéciales, à Riga aux mains d'entrepreneurs privés et à Saint-Pétersbourg aux mains du Département municipal (Upravka)[1].

Après le départ des Américains, la capitale suédo-danoise a eu une forte influence sur le développement des communications téléphoniques dans le pays. Les entreprises nationales étaient également présentes dans l'industrie. Par exemple, en 1903, en vertu d'un accord avec l'administration de la ville de Saint-Pétersbourg et de l'accord avec la Direction principale des postes et des télégraphes du ministère russe de l'Intérieur, l'ingénieur I. V. Popov a obtenu une concession pour la construction et l'installation de pavillons avec service téléphonique à Saint-Pétersbourg pour une période de 20 ans. En plus de la capitale, des pavillons devaient être installés dans les villes, banlieues et maisons d'été voisines : à Gatchina, Peterhof, Oranienbaum, Kronstadt, Tsarskoye Selo, Pavlovsk, Pargolovo, Terioki, Ozerki, dans les banlieues - Shlisselburgsky, Peterhof, Polustrovsky, Lesny, etc[197][198]

En fait, ces pavillons étaient destinés à fournir une large gamme de services différents à la population par le biais de la communication téléphonique publique. Le concessionnaire s'est engagé à établir la communication téléphonique par l'installation de pavillons de rue - kiosques. Ils devaient être équipés de postes téléphoniques reliés au central téléphonique, grâce auxquels les pavillons pouvaient se connecter entre eux et avec les abonnés du réseau de la ville. Si un appel téléphonique du pavillon était adressé à une personne qui n'avait pas de téléphone dans son appartement, il était envisagé de mettre en place une équipe de messagers composée de 2 à 5 personnes dans chaque pavillon pour livrer des télégrammes scellés dans des enveloppes "pour protéger le contenu de la conversation de la publicité".

La conversation téléphonique dans le pavillon pourrait être menée par un téléphoniste, mais dans les cas nécessaires, "le public lui-même" pourrait être autorisé à utiliser le téléphone. En plus des communications téléphoniques, les activités des pavillons comprenaient également l'émission de toutes sortes de certificats et l'exécution d'ordres de commission, y compris les mandats. Les pavillons ont reçu le droit de

[197] Kalmykov S.V. L'entrepreneuriat américain en Russie ... C. 246.
[198] Concession pour la construction de pavillons avec communication téléphonique à Saint-Pétersbourg. - Saint-Pétersbourg : Imprimerie du ministère des Chemins de fer, 1903. C. 1-2.

conclure des accords séparés avec le gouvernement et les institutions publiques : le -
bureau d'adresse, les ministères, la mairie, les théâtres, la bourse, les banques, les gares
et les gares ferroviaires. Il a fallu installer des postes téléphoniques et un personnel de
commissaires pour donner des renseignements téléphoniques aux clients. Chaque
pavillon devait être équipé d'une caisse avec 50 à 100 roubles d'argent liquide pour
remplir les commandes qui nécessitent une circulation d'argent liquide (par exemple,
l'achat de billets de théâtre) et pour les transferts d'argent1.

Pendant la période initiale de la concession de Popov, il était prévu d'installer 110
pavillons à Saint-Pétersbourg et dans le district de Saint-Pétersbourg, 25 bureaux séparés
au sein du gouvernement et d'autres institutions sous forme de cabinets isolés. L'ensemble
du capital de construction à ces fins a été estimé à 94 250 roubles. Il a fallu engager 269
téléphonistes ("des deux sexes") connaissant une des langues étrangères et 550 -
messagers[199][200].

Il[201] n'y avait pas d'expérience dans le fonctionnement de telles entreprises,
destinées à fournir divers services à la population de centres tels que Saint-Pétersbourg
et Moscou, qui occupaient d'immenses superficies. La seule façon de calculer la
rentabilité prévue était l'analyse des données statistiques concernant les besoins de la
population de la capitale, dont la satisfaction devait, dans une large mesure, relever de
l'entreprise concessionnaire. Les calculs ont été pris en compte :

- le volume de la correspondance postale et télégraphique de la ville ;
- le nombre d'abonnés au téléphone de la ville ;
- le travail des armées de messagers ;
- activités du tableau des adresses des villes1.

Selon la Direction générale des postes et télégraphes, 13,5 millions de lettres de
ville, 259,5 mille lettres recommandées, près de 9,6 mille mandats, plus de 5,5 mille
paquets d'argent et 244,5 mille télégrammes circulaient à Saint-Pétersbourg en 1901. Le
remplacement partiel de la correspondance postale par une communication téléphonique

[199] Concession pour la construction et l'installation de pavillons avec service téléphonique à St. -
Petersbourg ... C. 2-3.
[200] Ibid. C. 3-5.
[201] Par exemple, dans sa comédie Malheur de Wit, achevée en 1824, A.S. Griboïedov, selon les termes de
son personnage le colonel Skalozub, décrivait déjà à cette époque la taille de Moscou comme "une distance de
taille énorme".

pourrait rapporter au concessionnaire 124,3 mille roubles. En général, l'état des communications postales et télégraphiques à Saint-Pétersbourg n'était pas satisfaisant. Dans la capitale, il y avait toute une industrie - des artels de messagers de rue, dont les premiers, avec 100 personnes, sont apparus au début des années 1870. Au début du XXe siècle, Saint-Pétersbourg a connu une croissance progressive de sa population et un afflux de visiteurs causé, entre autres, par la baisse des tarifs ferroviaires. Les services de messagers de rue sont de plus en plus demandés, et leur nombre atteint 1200, appartenant à 9 artels indépendants. La concession visait à détourner pas moins de 150 000 roubles par an de la sphère d'activité de ces artels[202][203].

Au début de 1903, il n'y avait que 5 800 abonnés dans la capitale, c'est-à-dire ceux qui avaient leur propre téléphone à la maison. En ne tenant compte que de ce nombre d'abonnés, la rentabilité de la société grâce aux frais d'abonnement a été estimée à 208,8 mille roubles par an[204].

L'une des premières institutions publiques, où l'installation de postes téléphoniques était supposée, était le Bureau d'Adresse de la Ville. Selon les statistiques de 1900, ils ont délivré près de 652,5 mille certificats. La rentabilité de ce service a été estimée par les concessionnaires à 29,2 mille roubles. Ainsi, le bénéfice brut de l'entreprise était prévu à 512,3 mille roubles par an. Et compte tenu des 10% de charge brute pour le Trésor public et de la déduction des frais de fonctionnement, le bénéfice net devait être d'environ 189,5 mille roubles par an. En outre, la ville devait payer 50 roubles pour chaque pavillon situé sur le terrain de la ville, et payer les droits de douane habituels1. Les conditions de la concession ne contenaient pas de clause sur les formes de transfert de l'entreprise à la propriété de la ville.

La principale activité de concession dans le domaine des communications téléphoniques urbaines dans les villes russes depuis le début du XXe siècle a été la part de la capitale suédo-danoise. Le rôle principal a été joué par la firme suédoise Ericsson. Bien que l'activité de concession de l'entreprise n'ait commencé qu'au début des années 1900, avec la Russie Lars Magnus Ericsson a commencé à travailler beaucoup plus tôt -

---

[202] Concession pour la construction et l'installation de pavillons avec communication téléphonique à Saint-Pétersbourg. p. 6-7.
[203]   Ibid. C. 10-13.
[204]   Ibid. C. 11-12.

en 1881, et seulement deux ans avant cette date, le mécanicien autodidacte Ericsson a assemblé son premier appareil téléphonique. La société a été particulièrement active en Russie dans la dernière décennie du XIXe siècle. En 1893, elle reçoit l'ordre d'installer un central téléphonique à Kiev, puis à Kharkov et à Rostov-sur-le-Don. Le volume des commandes russes a tellement augmenté que l'entreprise a décidé d'ouvrir la production de téléphones et d'accessoires en Russie même. Une telle production était plus rentable pour les Suédois[205][206].

Lars Eriksson a été poussé à cette étape par le gouvernement russe, qui a établi des droits de douane élevés sur les marchandises importées, ce qui était conforme à la mise en œuvre des principes de base de la politique commerciale et industrielle de l'État russe de cette période. Par exemple, le ministre des finances S. Witte a estimé que les relations économiques de la Russie avec l'Europe occidentale dans la période précédant les réformes et au début des réformes étaient similaires à celles des pays coloniaux avec leurs métropoles. La Russie", écrivait Witte dans un rapport secret à Nicolas II en février 1899, "était et est toujours, dans une certaine mesure, une colonie hospitalière pour toutes les nations industrialisées, leur fournissant généreusement des produits bon marché de sa terre et payant chèrement les produits de leur travail"[1].

En raison du développement de l'économie nationale, les besoins du pays en biens dont il a besoin, selon Witte, devaient être couverts par la production nationale, et non pas seulement par les importations, qui absorbent une partie importante du revenu national. Avec cette option de développement, l'importation de biens devait être conditionnée uniquement par la division internationale du travail. En d'autres termes, il était prévu de n'importer que les produits dont la production à l'intérieur du pays devenait tout simplement non rentable. Dans ce cas, l'augmentation de l'épargne intérieure visait à promouvoir la poursuite de la croissance de la productivité de l'économie nationale, ce qui impliquait le développement de la bourse des marchandises intérieure et le passage de l'exportation de matières premières à l'exportation de biens industriels.

Mais il y avait un sérieux obstacle sur la voie - la Russie avait un manque aigu de

---

[205] Concession pour la construction et l'installation de pavillons avec service téléphonique à St. - Petersbourg ... C. 13-14, 3.

[206] Zhirnov E. Chant d'une pipe viking ... C. 94.

ressources intérieures pour le développement. Dans cette situation, Witte voit la tâche des autorités russes de "promouvoir le mouvement des capitaux dans l'empire à partir des pays où ils sont en abondance". Le réformateur russe, en analysant les effets attendus de l'application à grande échelle des capitaux étrangers, a exprimé une idée très importante selon laquelle "grâce à cela, les richesses naturelles du territoire russe et les forces de travail de sa population sont utilisées de manière beaucoup plus complète, l'ensemble de l'économie nationale commence à fonctionner avec une plus grande intensité et, à l'heure actuelle, il est difficile de dire qui a une plus grande influence sur la poursuite de la croissance de l'industrie - que ce soit les capitaux arrivant de l'étranger ou ses propres forces de production, relancées et déployées avec ces capitaux" [207][208].

Les résultats de la politique commerciale et industrielle de l'État se reflètent dans des événements tels que l'ouverture de l'usine de téléphones Ericsson sur l'île Vassilievski à Saint-Pétersbourg en 1897, bien que les Suédois continuent à produire les pièces les plus importantes de l'appareil à Stockholm. Néanmoins, l'usine de L. M. Ericsson à Saint-Pétersbourg a dépassé sa société mère de Stockholm non seulement en taille, mais aussi en volume de ventes. Au début, ils étaient petits. Au cours des quatre premières années, les 200 employés de l'usine ont fabriqué 12 000 téléphones et environ 100 centraux téléphoniques. En 1900, un autre bâtiment d'usine a été construit du côté de Vyborg. Peu de temps après, l'usine Ericsson employait 2 500 ouvriers qualifiés, 400 artisans et une cinquantaine d'ingénieurs1.

La production de masse de téléphones et d'équipements téléphoniques organisée par L.M. Ericsson a permis de réduire les coûts et de faire baisser les prix. L'entreprise a facilement reçu de nouvelles commandes. En 1898, la société a fabriqué une partie de l'équipement de la première ligne téléphonique longue distance en Russie entre Saint-Pétersbourg et Moscou. En 1900, la société a fourni des centraux téléphoniques pour Kazan, Riga et Tiflis, et a également signé des contrats favorables pour la fourniture exclusive de postes téléphoniques à Kharkov, Rostov-sur-le-Don, Kazan, Saratov, Samara, Astrakhan, Omsk, Tomsk et Nijni Novgorod. Pendant la guerre russo-japonaise,

---

[207] Le destin de la Russie. Rapports et notes des hommes d'État aux empereurs sur les problèmes de développement économique du pays (deuxième moitié du XIXe siècle). - S.-Pétersbourg : "Visages de la Russie". 1999. C. 333.
[208] Le destin de la Russie ... C. 339.

la société Ericsson a reçu des commandes militaires pour la fabrication et la fourniture de téléphones et d'interrupteurs de campagne. Ainsi, la société suédoise a pris l'une des premières places dans l'industrie électrotechnique russe à tous égards[209][210].

En parlant de la participation suédoise dans l'industrie électrotechnique russe, il faut rappeler que dans toutes les entreprises électrotechniques russes, le poids spécifique des capitaux étrangers dépasse 70 % : en 1913, sur les 72,5 millions de roubles investis dans la production électrotechnique, jusqu'à 51 millions de roubles étaient d'origine étrangère. À quelques exceptions près, toutes les grandes usines d'ingénierie électrique étaient détenues par des étrangers1.

Ericsson était le leader incontesté de la production d'équipements de communication en Russie. Le coût des produits manufacturés augmentait d'année en année, et la société produisait non seulement des produits téléphoniques, mais aussi télégraphiques. Elle a également commencé à fabriquer des systèmes de signalisation destinés à la marine et au chemin de fer. Dans la dernière période de son activité en Russie, qui s'est terminée en janvier 1917, les seuls appareils téléphoniques étaient produits à plus de 100 000 exemplaires par an. La valeur totale de la production annuelle de l'usine Ericsson s'élevait à 15-20 millions de roubles d'or. En 1916, l'année la plus fructueuse de l'entreprise employait 3 450 ouvriers et 127 000 postes téléphoniques étaient assemblés. Les concurrents les plus proches étaient désespérément en retard : les usines Siemens, nationalisées pendant la guerre, produisaient environ 20 000 appareils et les usines Heissler - un peu plus de 43 000[211][212].

Toutes ces données concernent la fabrication d'équipements électriques, mais quant à l'exploitation des réseaux téléphoniques en Russie, l'entreprise ne pouvait y procéder que sur la base de contrats de concession. En 1900, les concessions d'Alexander Bell en Russie ont expiré. Une concurrence a éclaté entre un certain nombre de candidats pour l'exploitation de ces réseaux téléphoniques. Ainsi, les réseaux téléphoniques de - Saint-Pétersbourg sont tombés entre les mains des autorités de la ville. Leur projet de

[209]   Zhirnov E. Chant d'une pipe viking ... C. 94-95.
[210]   Ibid. C. 95-96.
[211]   Voir : Ivanov P.N. Soviet Electrical Engineering Industry (Development Sketch). - Moscou ; L. : Maison d'édition d'État de génie énergétique, 1933. C. 5.
[212]   Zhirnov E. Chant d'une pipe viking ... C. 95.

reconstruction a été développé par la Société russe des ingénieurs électriciens, mais sa mise en œuvre a été confiée à la firme allemande Heisler. Ainsi, les réseaux téléphoniques de la capitale du Nord ont été exclus de la liste des objets concessionnaires potentiels de l'entreprise d'Ericsson. L'attention s'est alors portée sur Moscou[213].

Pour y obtenir une concession, les Suédois avaient besoin d'un puissant mécène en Russie. Le seul représentant scandinave dans les cercles dirigeants de l'empire était la veuve de l'empereur Alexandre III, Maria Feodorovna, née princesse Dagmar du Danemark. En 1865, elle épouse l'héritier du trône de Russie, le grand-duc Alexandre Alexandrovitch (le futur empereur Alexandre III). Comme Tsesarevna, l'impératrice et douairière, l'impératrice Maria Fyodorovna était remarquable par sa propension à s'engager dans des activités commerciales. C'est grâce à elle que des sociétés danoises jusque-là inconnues, contournant les règles existantes, sont devenues des fournisseurs de la cour impériale, et que la contrebande danoise a pu pénétrer librement en Russie sur les navires de la famille royale1.

Maria Fyodorovna n'avait pas seulement de l'influence sur son fils - l'empereur Nicolas II - mais elle jouissait également de l'autorité de S. Y. Witte. Par exemple, à l'automne 1900, Witte se rend à Paris pour l'exposition universelle en tant que ministre des finances et ministre du commerce et de l'industrie de l'Empire russe. En route pour la France, il apprend que Maria Feodorovna, qui se trouve alors à Copenhague, veut le voir. Witte a immédiatement répondu à la demande et est arrivé dans la capitale danoise. À première vue, cette réunion n'était pas nécessaire. Il a parlé à Maria Feodorovna de la "rébellion des Boxeurs" en Chine, et rien de plus.

Ensuite, elle le présente à sa sœur Alexandra, reine d'Angleterre, et encore une fois, rien de plus. Puis une rencontre a eu lieu entre Witte et le père de Maria Feodorovna, le vieux roi Christian IX. Le ministre russe des finances ne lui a que brièvement relaté le contenu de sa conversation avec Maria Feodorovna (c'est-à-dire, une fois de plus, diffusée sur le soulèvement chinois), et a échangé des vues sur la manière d'élever le petit-fils du roi - le jeune grand-duc Mikhaïl Alexandrovitch[214][215].

---

213   Ibid.
214   Zhirnov E. Chant d'une pipe viking ... C. 96.
215   Voir : Mémoires de Witte S.Y. Mémoires : Vol. 1. - Moscou : AST, Mn : Récolte, 2002. C.

Il est peu probable que la nouvelle des rebelles chinois ait agité Maria Feodorovna au point qu'elle ait décidé par tous les moyens d'"attirer" Witte à Copenhague. La douairière de l'impératrice avait probablement un autre but. En changeant l'itinéraire de ses voyages, elle a clairement tenté d'organiser une rencontre entre Witte et la princesse Marie du Danemark (née princesse Bourbon d'Orléans), épouse de son jeune frère Waldemar, qui a effectivement eu lieu. Lors de cette réunion, il n'a plus été question de la Chine, mais la princesse a abordé avec lui la question de la création de la "Danish Asiatic Shipping Society" qui l'a vraiment enthousiasmée à l'époque et a demandé l'aide du puissant ministre russe des finances. Apparemment, Witte connaissait le véritable but de son arrivée à Copenhague, sinon il n'aurait pas fait venir le Danois Taube, l'agent du ministère russe des finances en Perse. Il était en très bons termes avec Marie du Danemark, qui a beaucoup fait pour le rapprochement entre la France et la Russie sous le règne d'Alexandre III[1].

Les liens commerciaux entre Maria Fyodorovna et S.Y. Witte pourraient prendre des formes plus concrètes. Par exemple, tous deux étaient actionnaires de la Lena Goldfields Company établie à Londres, qui possédait près de 70 % des actions de la "Lenskoye Gold Mining Company" ("Lenzoto"), qui a produit 7,6 mille cannes d'or en Sibérie entre 1871 et 1912. En 1914, Lenzoto a produit la moitié de tout l'or sibérien[216][217]
.

Dans les cas de cession de concessions, Maria Fyodorovna a essentiellement joué le même rôle que la duchesse Catherine de Yuryev en son temps. La seule différence est que la princesse Dagmar, née, a défendu avec un zèle particulier les intérêts de ses compatriotes scandinaves, ce qui souligne une fois de plus l'énorme importance du facteur subjectif dans la pratique des concessions nationales.

Connaissant ce genre de faits, le Suédois Lars Ericsson a fait preuve de ruse. Son entreprise a été le fondateur de la Société téléphonique mixte suédo-dano-russe qui, avec l'aide de Maria Fyodorovna, a obtenu une concession pour l'exploitation d'un réseau

290-291.
[216] Mémoires de Witte S.Y. Mémoires : Vol. 1. C. 292.
[217] Concessions étrangères dans l'extraction et le traitement des minerais de métaux non ferreux en Russie et en URSS (1920-1930) : documents et matériaux / Série "L'expérience nationale des concessions" / Vol. III/ Sous la direction de A.A. Klishas ; Comp : M.M. Zagorulko, M.V. Dyatchin, T.V. Tsarevskaya-Dyakina. - Moscou : économie et droit modernes, 2005. C. 360.

téléphonique à Moscou. La première action du concessionnaire a été de rénover le central téléphonique. Dans les plus brefs délais, un nouveau bâtiment a été construit pour la station, qui, comme on le supposait, pourrait à l'avenir desservir un nombre d'abonnés sans précédent à l'époque - 60 000 (la station Bell de Moscou ne desservait que 2,8 000 abonnés). Il était situé à Milyutinsky Pereulok près de Myasnitskaya et a été construit par l'architecte suédois Professeur I.G. Klasson sur les plans de l'architecte moscovite A.E. Erichson (à ne pas confondre avec Eriksson). Cependant, la station n'a pas été ouverte à temps et n'a été mise en service que le 30 octobre 19041, et non le 6 août 1903.

En 1908, la concession d'Ericsson a porté la capacité réelle du réseau téléphonique à 25 000 abonnés, et 1913 a vu le début de l'exploitation expérimentale d'un système de connexions sans la participation des opératrices téléphoniques féminines. En 1909, les cabines téléphoniques de rue ont fait leur apparition à Moscou. Jusqu'au début de la Première Guerre mondiale, 12 sous-stations y ont été ouvertes et en 1916, le nombre d'abonnés dépassait les 60 000 personnes. Moscou a dépassé Hambourg, la capitale commerciale de l'Allemagne, en termes de nombre de téléphones par habitant. Avant 1917, les Suédois ont décidé de se débarrasser de la concession et de transférer le réseau téléphonique de Moscou au gouvernement russe à titre de compensation. Les membres de la commission mixte spéciale sur la détermination de la valeur du réseau de Moscou ont d'abord montré leur désaccord - selon la partie russe, le coût était de 24,3 millions de roubles d'or, et la partie suédoise - 34 millions de roubles d'or exactement. Il a été convenu que la somme était de 50 millions de couronnes suédoises, qui devaient être payées en espèces avec intérêts à partir du 1er janvier 1917 pendant 10 ans. A la même date, le gouvernement russe a repris le réseau[218][219] téléphonique de Moscou au concessionnaire.

Ainsi, le capital de concession a participé activement à l'économie municipale de la Russie tsariste, dirigeant à sa création, selon l'estimation la plus conservatrice, plus de 60% de tous les investissements en capital dans ce domaine. L'exploitation de presque tous les objets de concession dans cette industrie, à l'exception de l'évacuation des eaux (eaux usées), a apporté des revenus non seulement aux entrepreneurs. Les recettes de leur

---

[218] Zhirnov E. Chant d'une pipe viking ... C. 96.
[219] Ibid.

fonctionnement ont considérablement rempli les budgets des villes.

3.2. Formes de transfert des entreprises au propriétaire

L'expérience des concessions municipales d'énergie et de transport électriques dans la Russie tsariste a servi d'exemple pour résoudre une question très compliquée et controversée - la question des formes de transfert de l'entreprise de concession au propriétaire (concesseur). Le moment venu, le rachat des concessions ferroviaires a montré que ce problème est l'un des points clés et les plus discutables des relations de concession. Le plus souvent, les raisons du rachat peuvent être dues soit à la volonté du conciliateur de saisir une installation très rentable en sa faveur, soit de mettre fin à son fonctionnement inefficace.

La pratique russe des concessions municipales a montré que toutes les options possibles pour rendre l'entreprise concessionnaire à son propriétaire (l'utilisateur final) étaient limitées à trois cas :
- non remboursable ;
- rachat à la fin de la période de concession (rachat anticipé) ;
- rachat anticipé.

Dans la Russie tsariste, les formes les plus courantes étaient le transfert gratuit de l'entreprise à la fin de la période de concession et le rachat anticipé. Le rachat de l'entreprise à la fin de la période de concession (rachat anticipé) était assez rare, bien que "cette forme, du point de vue du crédit et de la finance pour les pays ayant besoin d'un crédit à long terme, présente un certain nombre d'avantages"[220].

Ce point de vue était fondé sur le fait que, dans le cas d'une cession libre, le concessionnaire, afin de rembourser progressivement le capital qu'il avait investi, en - effectuait un remboursement annuel. Ce remboursement était en fait considéré comme un retrait progressif du capital investi, à partir de la deuxième année de la concession : de moins en moins de capital a été déployé au fur et à mesure de l'année. Ce retrait se fait au détriment des bénéfices, mais ceux-ci peuvent être utilisés à d'autres fins plus rentables

---

[220]   GARF. F. R-8350. Op. 1. Д. 108. Л. 203.

pour le concédant. Par exemple, s'il y a un besoin urgent d'un prêt à long terme, ce retrait n'est pas rentable pour le concessionnaire1.

Sous la forme d'un rachat à la fin de la période de concession, le concessionnaire n'a effectué aucun remboursement lui-même, puisque la totalité du capital investi lui a été restituée à la fin de la période de concession. Autrement dit, aucun remboursement n'a été effectué sur les bénéfices. En conséquence, le bénéfice net de la société concessionnaire a augmenté et, par conséquent, la partie du bénéfice qui a été transférée au concessionnaire a augmenté. C'est au détriment de cette partie de son bénéfice net que le conciliateur a accumulé un capital de rachat sur un compte bancaire spécial ou dans un fonds spécial. C'était ce capital de remboursement que le concédant pouvait utiliser - comme capital d'emprunt à toute autre fin pendant toute la période d'accumulation coïncidant avec la durée de la concession[221][222]. La tâche des autorités dans ce cas était de rembourser le prêt avant la fin de la période de concession.

Pour faciliter la détermination du montant des contributions périodiques (déductions) au capital de remboursement, il existait une formule spéciale pour le remboursement du capital investi. Sa terminologie et ses signes ont été élaborés selon le système du IIe Congrès international des actuaires (spécialistes des statistiques d'assurance) qui s'est tenu à Londres en 1889. La formule exigeait que trois [223]conditions nécessaires soient remplies :

- les contributions doivent être du même montant ;

- Les intérêts sont calculés sur la base d'un intérêt composé sur des périodes d'un an ;

[221]   GARF. F. R-8350. Op. 1. D. 27. P. 73.
[222]   Ibid. P. 73-73 on.
[223]   Ci-après, voir : GARF. F. R-8350. Op. 1. Д. 108. P. 208 et suivantes.

- Les intérêts sont cumulés sur une base décursive, c'est-à-dire à la fin de chaque période annuelle.

Les signes dans la formule signifiaient :

a (alpha) - contribution annuelle pour l'accumulation du loyer de rachat ;

p est le montant des intérêts courus annuellement sur les cotisations ;

n est le nombre d'années pendant lesquelles les cotisations sont versées ;

s_n *est le* capital qui doit être généré à la fin du terme à partir des contributions annuelles avec les intérêts courus.

$$\frac{s_n \times i}{(1 + i)^{-1} - 1}, \text{ où } i = \frac{P}{100}$$

L'expérience de la pratique russe pré-révolutionnaire et mondiale a montré que la forme de transfert gratuit conduisait souvent à une mauvaise gestion de l'entreprise par le concessionnaire. Cela était particulièrement important en ce qui concerne les concessions communales, axées sur un développement et une modernisation continus afin de mieux répondre aux besoins croissants de la population. Pour ces raisons, il a été reconnu que le formulaire de rachat était préférable au formulaire de transfert gratuit1.

Concrètement, cela signifie que la forme de transfert libre a conduit le concessionnaire à renoncer aux coûts d'augmentation de la productivité de l'usine, en particulier au cours des dix dernières années avant la fin de la période contractuelle. Ce faisant, le concessionnaire s'efforçait d'économiser sur les coûts de [224][225].

Le concessionnaire a été remboursé pour la partie non payée du capital investi sous la forme d'un transfert gratuit, tandis que sous la forme d'un achat d'option, la totalité de la valeur de l'entreprise a été payée.

Dans toute forme de transfert de l'entreprise de concession au propriétaire, il était très important d'avoir une définition claire du concept de "capital investi". L'absence d'une telle définition dans les contrats a servi à maintes reprises dans la pratique russe de motif à des litiges et des poursuites judiciaires importants. On pensait que la notion de

[224]   GARF. F. R-8350. Op. 1. Д. 423. Л. 196.

[225]   Concessions dans la construction de logements. L'économie communale et des transports de la Russie et de l'URSS ... C. 129.

85

capital investi devait être basée sur les coûts des usines et des équipements du concessionnaire, tant les coûts initiaux que les coûts ultérieurs en cours d'expansion ou de modification. Selon un point de vue assez généralisé, la répartition approximative du capital investi par rapport au reste se fait selon les principes du capital fixe et du fonds de roulement1.

Il a été recommandé d'inclure dans le capital investi les terrains, les bâtiments, les chaudières, les machines, les rails et le matériel roulant, les câbles, les tuyaux, les réservoirs, les compteurs, les équipements d'éclairage, les accessoires des appareils et équipements de l'entreprise. Cela comprend également les droits, les privilèges, les contrats et autres objets de valeur de nature contractuelle appartenant à l'entreprise. Seuls les coûts de tout cela ont été considérés comme recouvrables au moment du rachat. La définition exacte du "capital investi" était également nécessaire dans le cas d'un transfert gratuit de la société au concédant, car les actifs ne faisant pas partie du capital investi n'étaient pas transférables sans compensation[226][227].

Il a été recommandé de ne pas inclure dans la structure du capital investi les objets de valeur qui ne font pas partie intégrante de l'entreprise et qui figurent à l'actif du bilan sous les postes "caisse", "comptes courants", "titres", "lettres de change", "débiteurs", car ces objets de valeur servent de source pour couvrir les comptes fournisseurs respectifs et d'autres postes du passif du bilan. Les stocks de matières premières, de combustibles, de matières auxiliaires, de lubrifiants, d'outils, de rails, de traverses, de combinaisons, etc. sont exclus du capital investi, sauf pour le montant qui est imputable à
d'une installation en fonctionnement et est nécessaire à son fonctionnement normal et ininterrompu. La détermination de la quantité de ces matériaux a été confiée à l'expertise technique. Le capital investi n'incluait pas les coûts de restauration, de réparation et d'équipement de l'entreprise, qui étaient couverts par un fonds d'amortissement spécial constitué à partir des bénéfices1.

En cas d'achat immédiat de l'entreprise, afin d'éviter des calculs complexes pour déterminer le montant du capital investi, une formule claire était parfois établie. Par exemple, dans le contrat de concession du conseil municipal de Moscou avec la "Société

226   GARF. F. R-8350. Op. 1. D. 27. P. 74-74 fr.
227   GARF. F. R-8350. Op. 1. Д. 108. P. 206 on.

générale française continentale" ("Bouquier et orfèvre") daté du 29 janvier 1865 pour l'installation de l'éclairage au gaz à Moscou, le système de rachat de la société a été établi à la fin de la durée de la concession, qui a été fixée à 30 ans. Ici, le montant du capital investi était déterminé par la rentabilité capitalisée, c'est-à-dire que la somme de - remboursement était déterminée "par la capitalisation du bénéfice moyen des 10 dernières années, le bénéfice moyen étant multiplié par 10, ce qui devrait signifier le montant que la Douma paiera" [228][229].

C'était un moyen alternatif de rédemption. Si la période de concession était prolongée de 10 ans, toutes les installations de gaz devaient bénéficier gratuitement à la ville[230].

Les spécialistes ont estimé qu'une telle formule dans des conditions de croissance progressive de la rentabilité des entreprises municipales est très rentable pour le concessionnaire, mais pas pour le concédant, car elle est "structurellement incorrecte". L'"irrégularité constructive" a été constatée dans le fait qu'elle a fait dépendre le montant du capital investi soumis au remboursement d'une caractéristique aléatoire - le bénéfice moyen de la période précédant l'achat. Il était plus raisonnable de calculer la compensation du capital investi en fonction de sa valeur comptable (c'est-à-dire la valeur comptable du bien). Mais cette méthode de calcul se heurtait généralement à des objections de la part des concessionnaires, qui étaient de nature opportuniste.

Il a été avancé que sur de longues périodes, le pouvoir d'achat du capital, même dans la monnaie la plus forte, subit des changements. Ainsi, le capital monétaire, - possédant une grande mobilité, se transforme facilement de monnaie en monnaie et peut facilement suivre les changements conjoncturels, non seulement en ne perdant pas, mais en gagnant. Mais lorsque le capital est investi pendant une longue période dans l'entreprise concessionnaire, il devient immobile et revient au propriétaire dans une autre conjoncture financière et économique. Compte tenu de cette circonstance, il a été proposé d'introduire des coefficients de correction conjoncturels et autres ou de réévaluer 1.

Les opposants au calcul avantageux de la commission de rachat par les

[228]   GARF. F. R-8350. Op. 1. Д. 108. Л. 207.
[229]   Cité par : GARF. F. R-8350. Op. 1. Д. 108. Л. 207.
[230]   Ibid. Л. 207.

concessionnaires sur la base du rendement capitalisé avaient également des arguments assez solides. Par exemple, ils ont fait valoir que le montant du capital investi, et donc à rembourser, n'est pas directement lié à l'importance des revenus du concessionnaire. En effet, la taille du revenu net moyen au cours des dernières années d'activité pourrait être soit élevée, soit faible. Ensuite, si les rendements étaient faibles, le remboursement n'atteindrait pas la taille des coûts encourus par le concessionnaire. À l'inverse, si la rentabilité est élevée et croissante, le remboursement sera beaucoup plus élevé que les coûts initiaux du concessionnaire[231][232].

Cependant, une rentabilité élevée et croissante était un phénomène habituel pour les entreprises municipales de la Russie tsariste. Par conséquent, les concessionnaires, en particulier dans le cas d'un remboursement anticipé, ont insisté pour que la commission de remboursement soit calculée en fonction du rendement capitalisé des dernières années avant le remboursement, et se sont opposés à ce qu'elle soit calculée en fonction de la valeur comptable de l'entreprise - qu'elle soit originale ou modifiée à la suite d'une réévaluation. Ils ont estimé que la valeur d'une entreprise très rentable, avec une main-d'œuvre et une clientèle formées, dépassait de loin sa valeur initiale au moment du rachat.

Selon eux, ce n'est pas le coût de l'équipement qui doit être évalué, mais l'entreprise "en mouvement", la "firme". Ainsi, les dirigeants de la "Petrograd Electric Company" dans sa protestation contre la décision du Conseil municipal de Petrograd du 15 avril 1915 sur le rachat anticipé de la concession n'ont pas manqué de souligner que le contrat de concession "a pour objet de déterminer la valeur de rachat de l'entreprise sur la rentabilité moyenne de son dossier, portée à la connaissance, au capital et aux travaux des participants"[1].

C'est la troisième forme de transfert de l'entreprise de concession au propriétaire (concédant) - le rachat anticipé - qui a été le plus souvent utilisée dans la pratique russe avec le transfert gratuit [233][234]. Mais son application est une procédure très compliquée qui nécessite une préparation minutieuse. La première chose à retenir est que le droit au remboursement anticipé doit être fixé par les deux parties dans la convention de

---

[231]   GARF. F. R-8350. Op. 1. D. 27. P. 74 à 75.
[232]   GARF. F. R-8350. Op. 1. Д. 108. P. 207 on.
[233]   Cité par : GARF. F. R-8350. Op. 1. Д. 108. P. 207 on.
[234]   GARF. F. R-8350. Op. 1. Д. 83. Л. 417.

concession elle-même, et que celle-ci doit énoncer les conditions du remboursement anticipé. Cela donne au concédant une garantie contre d'éventuelles complications futures. Le concessionnaire peut toujours souhaiter effectuer un remboursement anticipé pendant la mise en œuvre de la concession. Toutefois, il y a eu des cas où ce droit n'a pas été mentionné dans le contrat, et où le concessionnaire n'a pas non plus consenti volontairement au rachat. Pour cette raison, le rachat anticipé ne pouvait pas avoir lieu. En outre, toute action des autorités visant à contraindre l'entrepreneur à mettre fin de manière anticipée à la relation de concession était considérée comme une violation du contrat de concession et n'entraînait que des pénalités, une compensation des pertes, etc[235]

Le droit de rachat ne peut en aucun cas être établi par le contrat. Par exemple, cela a été observé en 1895 dans le contrat du Conseil municipal de Rostov-sur-le-Don *avec* la maison de commerce "Vetter et Hinkel" en concession pour la construction et l-'exploitation de centrales électriques pour une période de 26 ans1.

Si le contrat établissait le droit du concédant à un remboursement anticipé de la concession, deux choses étaient considérées comme les plus importantes :

- la période d'acquisition du droit de rachat anticipé ;

- les conditions de remboursement anticipé.

Dans les contrats pré-révolutionnaires, le plus souvent, le droit du concédant à un remboursement anticipé ne venait pas avant l'expiration de la durée de la concession en U - %, qui était généralement fixée à 30-40 ans (à laquelle le taux de remboursement annuel était alors de 2-3% du capital investi par l'entrepreneur). Par exemple, selon l'accord du Conseil municipal de Tiflis avec la "société anonyme belge du tramway de Tiflis" du 14 mars 1900, le droit de rachat anticipé a été établi après 15 ans à compter de la date de la concession, la durée générale de la concession étant de 31 ans et 8 mois.

Le conseil municipal de Saint-Pétersbourg avait des contrats avec la "St. Petersburg Electric Lighting Company" en date du 22 mars 1897, la "Belgian Electric Lighting Company of St. Petersburg" en date du 29 mars 1897 et la "Electric Lighting Company of 1886" en date du 28 avril 1898. Chaque contrat avait une durée de 40 ans,

---

[235]   GARF. F. R-8350. Op. 1. Д. 108. Л. 170.

de sorte que le droit d'acheter la société expirait après 20 et 30 ans[236][237]. En d'autres termes, la ville ne pouvait racheter l'entreprise de manière anticipée qu'après vingt ou trente ans de la période de concession.

Il pourrait y avoir un délai pour le remboursement anticipé. En 1895, Nijni Novgorod a cédé à l'entrepreneur von Hartmann une concession pour la construction et l'exploitation d'un chemin de fer électrique urbain (tramway). La durée de la concession était de 35 ans (jusqu'en 1930), et le droit de rachat de la ville est venu après 18 ans1. C'est-à-dire que, dans ce cas particulier, la ville ne pouvait pas racheter la société avant 1913. Ni plus tôt, ni plus tard.

Dans la pratique, il y a eu des cas où des conditions antérieures à U et % de la durée de la concession ont été fixées dans les contrats. Par exemple, le 13 septembre 1873, la "Première compagnie de chemins de fer hippomobiles de Moscou", dans le cadre du contrat avec le conseil municipal de Moscou, a obtenu une concession pour une durée de 40 ans. Le droit de remboursement anticipé prévu par le contrat était dû dans 15 ans, c'est-à-dire avant la moitié de la durée de la concession. Un précédent similaire a été observé dans le cas de "La deuxième compagnie de chemins de fer hippomobiles de Moscou", qui a reçu une concession pour 45 ans, mais le droit de racheter la concession était dû dans 20 ans[238][239].

Les conditions du rachat anticipé étaient fondées sur son principe de base, qui était de "rembourser au concessionnaire les bénéfices immédiats qu'il aurait tirés de l'exploitation de l'entreprise dans le cadre de la poursuite et de la résiliation normales du contrat, dans des conditions moyennes et normales d'exécution et dans des conditions économiques moyennes et normales"[240].

Ce principe était particulièrement nécessaire dans les cas où le droit au remboursement anticipé était établi dans le contrat, mais où les conditions n'étaient pas spécifiées, ou n'étaient pas formulées assez clairement. Dans ce cas, ils devaient être

---

[236] Concessions en matière de logement, de services publics et de transport en Russie et en URSS ... C. 105.
[237] GARF. F. R-8350. Op. 1. Д. 108. Л. 170.
[238] Concessions en matière de logement, de services publics et de transport en Russie et en URSS ... C. 106.
[239] GARF. F. R-8350. Op. 1. Д. 108. Л. 170.
[240] GARF. F. R-8350. Op. 1. D. 27. P. 75 vol.

établis en plus, soit par accord spécial des parties, soit par voie judiciaire ou arbitrale. En tout état de cause, l'application du principe de base du remboursement anticipé était conforme aux règles du droit civil et à la pratique internationale existante en matière de concession.

Le remboursement du capital investi en cas de remboursement anticipé (ainsi que dans d'autres cas) peut se faire de deux manières : soit par versements (annuels), soit sous forme de somme forfaitaire.

Comme la commission de rachat remplaçait les bénéfices du concessionnaire qu'il aurait reçus pendant toute la durée de la convention de concession, il était en droit de les recevoir dans la même mesure et dans les mêmes délais que ceux qui auraient été réalisés pendant toute la durée de la concession. La commission de rachat, généralement sous la forme du bénéfice net annuel moyen de la période de cinq ans précédant l'achat, était versée au concessionnaire par tranches annuelles jusqu'à la fin de la durée de la concession fixée dans le contrat. Le règlement final était un montant égal à tous les paiements, mais tenant compte des intérêts qui courraient sur chacun des paiements intermédiaires jusqu'à la fin du terme dans le cadre du système d'intérêts composés.1

Parfois, le même contrat prévoyait différents modes de paiement des frais de rachat (annuels ou forfaitaires). Par exemple, l'accord de la "société anonyme belge du tramway Tiflis" avec le conseil municipal de Tiflis, daté du 14 mars 1900, a donné à la ville le droit de racheter la concession à une date antérieure. En même temps, il a été stipulé que le choix de la méthode de remboursement est la prérogative de la ville elle-même. Les contrats entre le conseil municipal et la "Société des travaux électriques de Saint-Pétersbourg", la "Société belge d'éclairage électrique" et la "Société d'éclairage électrique de 1886" prévoyaient à la fois un paiement forfaitaire et un versement unique, mais stipulaient que le paiement ne pouvait avoir lieu que si la ville et les entrepreneurs s'entendaient sur le montant[241][242].

Il est devenu important de déterminer le bénéfice annuel moyen du dernier segment de la période de concession, qui sert de base au calcul de la somme de - remboursement. Ce calcul ne doit tenir compte que de la situation économique normale,

---

[241]   GARF. F. R-8350. Op. 1. Д. 108. P. 171 on, 178 environ.
[242]   GARF. F. R-8350. Op. 1. Д. 108. P. 171 et suivantes.

sans qu'il y ait de détérioration ou d'amélioration par suite d'un cas de force majeure. C'est dans ces conditions que se produisent la croissance naturelle et l'amélioration des propriétés techniques et opérationnelles de l'entreprise, l'expansion progressive du - marché, etc. C'est dans ces conditions que l'entreprise démontre une croissance progressive de sa rentabilité.

Illustrons cela par l'exemple de trois sociétés de capitaux par actions, qui avaient des concessions pour l'éclairage électrique de la capitale - "Société anonyme belge", "Société des travaux électriques de Saint-Pétersbourg (Petrograd)" et "Société d'éclairage électrique de 1886". Le pourcentage moyen d'augmentation des revenus bruts de ces entreprises sur la période 1905-1915 a été le suivant :

Tableau 2

Augmentation moyenne des revenus bruts des trois entreprises concessionnaires en pourcentage entre 1905 et 1915

Années	Augmentation en	Années	Augmentation en
1905	7	1911	11,5
1906	14	1912	16,7
1907	14,4	1913	12,6
1908	16,2	1914	19,6
1909	10,9	1915	28,6
1910	10,8		

Source : GARF. F. R-8350. Op. 1. Д. 108. Л. 172.

La rentabilité pendant les années de guerre (1914 et 1915) n'était pas normale. Si l'on exclut les années de guerre (force majeure), l'augmentation annuelle du revenu brut des trois entreprises a été de 12,7%[243] . Outre l'augmentation annuelle du revenu brut, l'augmentation annuelle moyenne du revenu net des entreprises a également été calculée (voir tableau 3).

Tableau 3

Croissance annuelle moyenne du revenu net de trois entreprises concessionnaires

L'entreprise	Période	Augmentation moyenne en % du revenu net
"Société anonyme belge"	1909-1913	7,6
"Société des travaux électriques de Petrograd	1909-1914	17
"La société d'éclairage électrique de 1886".	1909-1913	16

Source : GARF. F. R-8350. Op. 1. Д. 108. Л. 172.

---

[243] GARF. F. R-8350. Op. 1. Д. 108. Л. 172.

Il est à noter qu'une croissance assez importante et stable des revenus bruts et nets des fournisseurs-concessionnaires d'énergie de la capitale a eu lieu malgré la présence de défauts techniques assez graves de l'équipement des entreprises. La raison en est que des erreurs d'organisation ont été commises au cours de la période initiale. Une commission spéciale élue par la Douma de la ville de Petrograd pour le rachat des concessions a constaté la perte presque totale de la valeur opérationnelle des équipements mécaniques et électriques d'origine des trois usines et une baisse significative de la valeur des réseaux câblés d'origine. Le principal facteur d'augmentation de la rentabilité a été l'augmentation de la consommation d'électricité dans la capitale. Malgré les défauts techniques et les pertes d'énergie élevées, c'est l'expansion du marché de la consommation d'énergie qui a non seulement entraîné une plus grande rentabilité, mais a même permis aux concessionnaires de réduire le prix de vente du kilowatt d'électricité[244].

Les données suivantes montrent l'impact de la croissance de la consommation d'énergie sur son prix de vente moyen et sur la dynamique de la rentabilité des entreprises concessionnaires dans la période précédant leur rachat anticipé.

Tableau 4

Impact de la croissance de la consommation d'énergie sur le prix de vente moyen et la dynamique de rentabilité des sociétés concessionnaires

Années	Prix de vente moyen par kW, kop.	kW utiles libérés	Dû aux entreprises pour l'électricité fournie, RUR
1904	16,47	21 987 092	3 621 568
1905	16,44	23 564 417	3 876 032
1906	16,92	26 115 771	4 418 802
1907	17,36	29 128 165	5 056 878
1908	17,12	34 330 349	5 878 023
1909	16,72	38 991 296	6 518 439
1910	16,18	44 625 192	7 222 433
1911	14,67	54 881 133	8 053 532
1912	13,67	68 734 900	9 399 962
1913	11,75	90 139 822	10 592 553
1914	12,13	104 447 765	12 669 819
1915	12,61	129 124 081	16 289 787

Source : GARF. F. R-8350. Op. 1. Д. 108. Л. 173.

---

[244] GARF. F. R-8350. Op. 1. Д. 108. Л. 172.

Si le principe du calcul du rendement annuel moyen en cas de rachat anticipé n'a pas été établi dans le contrat, le concessionnaire était en droit de demander le calcul du revenu pour la durée restante de la concession selon la loi de la progression arithmétique. Le facteur de progression est établi sur la base de la moyenne arithmétique des pourcentages de croissance réelle pour toutes les années écoulées avant le remboursement anticipé. Cette formule de croissance progressive était extrêmement avantageuse pour le concessionnaire, car elle garantissait que, jusqu'à l'expiration de la durée restante de la concession, le concessionnaire recevrait des bénéfices annuels - toujours croissants, qui étaient de nature annutaire.1

Afin d'éviter de telles conditions trop favorables pour le concessionnaire, le principe du calcul du rendement annuel moyen comme une moyenne arithmétique des dernières années avant la date de remboursement anticipé était généralement établi dans les contrats. En général, cinq ans avant la date de rachat ont été pris. Il est vrai que le bénéfice pour la ville dépendait ici de la question de savoir si l'entreprise, après la transition vers celle-ci, et jusqu'à la fin de la période de concession établie par le contrat, continuerait à afficher une croissance régulière de sa rentabilité. Si cette croissance de la rentabilité s'est poursuivie, plus elle a duré longtemps - plus la rentabilité moyenne arithmétique est en fait devenue faible, qui a finalement été "gelée" au niveau qui était le sien cinq ans avant le rachat. Et plus le rendement moyen arithmétique est faible, plus le montant de la commission[245][246] de rachat est faible.

Selon cette formule "sur cinq ans", le rendement réel de l'entreprise après un rachat anticipé sera plus élevé que le loyer annuel de rachat. C'est cette différence qui apparaît comme une incitation financière pour le concessionnaire à racheter l'entreprise le plus rapidement possible. Toutefois, cette différence d'incitation disparaît si la rentabilité annuelle de l'entreprise est égale, et si la rentabilité de l'entreprise diminue avant la date de rachat, il devient déraisonnable pour le concessionnaire de la racheter[247].

La période de cinq ans jusqu'au moment du rachat pour calculer le bénéfice net arithmétique moyen a été établie dans les contrats du Conseil municipal de Saint-

[245] GARF. F. R-8350. Op. 1. Д. 108. P. 173-173 environ.
[246] Voir : Ibid. P. 173 et suivantes.
[247] Ibid.

Pétersbourg avec la "Compagnie des travaux électriques de Saint-Pétersbourg" du 22 mars 1897, la "Société anonyme belge pour l'éclairage électrique de Saint-Pétersbourg".

Saint-Pétersbourg" du 29 mars 1897, "Compagnie d'éclairage électrique de Saint-Pétersbourg de 1886" du 28 avril 1898, le contrat du Conseil municipal de Tiflis avec la "Société anonyme belge du tramway de Tiflis" du 14 mars 1900, et les contrats du Conseil municipal de Moscou avec la "Première compagnie de chemins de fer à cheval de Moscou" du 13 septembre 1873 et la "Deuxième compagnie de chemins de fer à cheval" du 15 novembre 1883. Dans ce dernier cas, la commission de rachat annuelle était déterminée par "la moyenne des revenus nets des cinq années les plus rentables des sept dernières années d'exploitation du village"[1].

Une autre question s'est posée lors de la détermination du montant de la commission de rachat en cas de rachat anticipé. Il était nécessaire non seulement de calculer le bénéfice net annuel, mais aussi de bien comprendre le concept même de - "bénéfice net", qui devait servir de base au calcul des paiements de rachat. L'absence d'une définition claire a entraîné un certain nombre de litiges et de malentendus dans la pratique russe en matière de concessions. Le fait est que le "bénéfice net" dans l'-interprétation théorique générale diffère du "bénéfice net" dans son interprétation "concessionnelle"[248249].

Il a été proposé de ne prendre en compte dans le calcul des paiements de rachat que la partie du bénéfice net :

(a) provient de sources directement pertinentes ou directement liées à l'objet du contrat de concession et

b) est venu directement aux actionnaires de l'entreprise concessionnaire. En outre, les [250]contributions aux capitaux spéciaux ont dû être prises en compte ici aussi.

La pratique a dicté de prêter attention à une autre question de procédure importante - l'avis de remboursement anticipé. Cette situation est due à la nécessité d'informer le concessionnaire à l'avance de la date de rachat afin que celui-ci puisse prendre toutes les dispositions financières et économiques nécessaires. En général, la notification devait

[248] Cité par : GARF. F. R-8350. Op. 1. Д. 108. Л. 174.
[249] GARF. F. R-8350. Op. 1. Д. 83. P. 418 environ.
[250] Ibid. P. 418 ob. - 419.

être faite un an avant la date de rachat anticipé. Par exemple, une telle disposition a été incluse dans le contrat du Conseil municipal de Saint-Pétersbourg avec la société anonyme belge pour l'éclairage électrique de Saint-Pétersbourg, en date du 29 mars 1897[1].

La question du contenu de l'avertissement était ambiguë : le concessionnaire devait-il également faire des offres supplémentaires sur les conditions de rachat. Le 27 mai 1916, la "Société des travaux électriques de Petrograd" a fait appel de la décision de la Douma de la ville de Petrograd du 15 avril 1915 concernant le rachat programmé de la concession. La raison en était que le décret ne contenait pas de conditions de rachat supplémentaires, que le concessionnaire aurait été obligé d'offrir. Il est vrai que la protestation a été rejetée à l'époque[251][252].

La méthode la plus utilisée en Russie pour déterminer le montant du remboursement en cas de remboursement anticipé est la méthode de détermination par capitalisation de la rentabilité nette moyenne de l'entreprise pour plusieurs années récentes. Par exemple, selon le contrat de concession de 1886 de la Douma de la ville de Toula avec l'entrepreneur A. N. Gorchakov (il avait un surnom de "concessionnaire") pour la construction et l'exploitation de chemins de fer à traction animale d'environ 12 verstes, la durée de la concession a été fixée à 45 ans. Le droit de rachat était dû dans 20 ans. Au cas où le concédant ne rachèterait pas son droit, celui-ci était reporté de 10 ans, c'est-à-dire que le droit devait expirer après 30 ans de concession. En rachetant l'entreprise, la ville a été obligée de "verser à l'entrepreneur la somme de la capitalisation de cinq pour cent des recettes nettes des cinq années les plus rentables des sept dernières années d'exploitation du réseau.

En 1895, la société Siemens 1886 a conclu une concession avec le conseil municipal de Moscou pour la construction et l'exploitation d'une centrale électrique à Moscou pendant 50 ans. La ville a obtenu le droit de rachat anticipé à partir du 1er juillet 1920, soit 25 ans après la signature du contrat. Si la ville ne l'utilisait pas, le droit de rachat pouvait survenir tous les 5 ans (en 1925, 1930, 1935 et 1940).

Les conditions de rachat ont été précisées. Selon eux, le montant du rachat était

[251] GARF. F. R-8350. Op. 1. Д. 108. Л. 171.
[252] Ibid.

déterminé comme suit : la ville était tenue, jusqu'à l'expiration du contrat de concession, de verser annuellement à la société le bénéfice moyen qui avait baissé au cours des trois dernières années avant le rachat, et les versements annuels ne pouvaient être inférieurs à 5 % de la valeur du bien au moment du rachat. Ces paiements pourraient être remplacés par un paiement forfaitaire de la totalité de la somme de remboursement, sur la base de 5 intérêts composés par an. En tout état de cause, la somme forfaitaire versée ne doit pas être inférieure à la valeur du bien au moment du rachat, mais moins l'amortissement[253][254].

Le calcul de la somme de rachat au rendement capitalisé était également prévu dans le contrat type pour l'installation et l'exploitation de l'énergie électrique à Saint-Pétersbourg. Elle a indiqué que si la ville et l'entrepreneur ne s'entendaient pas sur le montant du rachat forfaitaire, la ville était tenue de verser à l'entrepreneur chaque année, jusqu'à l'expiration de la période de concession spécifiée dans le contrat, le bénéfice net moyen des cinq dernières années précédant rachat "provenant de l'opération effectuée à Saint-Pétersbourg". Ce contrat normal (modèle) a été émis par la Douma de la ville de Saint-Pétersbourg en 1897 et a servi de modèle pour les contrats conclus avec la société "Helios", la "Compagnie d'éclairage électrique de 1886" et la société "Hue and Schmatzer". La durée des contrats de concession a été fixée à 40 ans, et le droit de rachat a été accordé à la ville après 20 et 30 ans de leur validité1.

Un schéma assez inhabituel a été utilisé dans le contrat de la compagnie d'électricité "Union" avec le conseil municipal de Kiev pour l'aménagement et l'-exploitation de l'énergie électrique à Kiev. La société "Union" était proche de la "General Electric Company" (AEG), dont le fondateur était un ingénieur compétent et un entrepreneur talentueux, Emil Rathenau. Cette société était le principal concurrent de Siemens en Russie. En 1903, l'Union a rejoint l'AEG, et leur capital total était estimé à près de 7,5 millions de roubles. Le contrat de Kiev a été conclu en 1899 pour une durée de 40 ans et a fixé le droit de la ville au rachat de la concession dans les 20 et 30 ans suivant son début[255][256] .

[253]   Concessions en matière de logement, de services publics et de transport en Russie et en URSS ...
C. 118.
[254]   Concessions en matière de logement, de services publics et de transport en Russie et en URSS ...
C. 118-119.
[255]   Ibid. C. 119, 106.
[256]   Diakonova I.A. Investissements allemands directs dans l'économie de la Russie impériale ... C.

En cas de remboursement anticipé de la concession, les autorités municipales devaient verser à l'entrepreneur un montant "égal à 8 fois le revenu annuel net moyen provenant de l'exploitation de l'entreprise, déduit des cinq dernières années avant le remboursement ; toutefois, ce montant ne peut jamais être inférieur à 64 % de la valeur du bien à rembourser"[257]. C'est-à-dire qu'il s'agissait d'un paiement forfaitaire de la commission de rachat.

Mais le même contrat fixait également une autre condition de rachat, qui ne dépendait pas des modalités de rachat fixes après 20 et 30 ans à compter de la date de début de la concession. Le contrat stipulait que la ville de Kiev était autorisée à exercer son droit de rachat après 10 ans à compter de la date de début de la concession, et à tout moment au cours des 10 années suivantes (c'est-à-dire jusqu'à la vingtième année de la concession incluse). Dans ce cas, les autorités de Kiev devaient restituer à l'entrepreneur la valeur de l'entreprise au moment du rachat, majorée d'une prime de 15 % de sa valeur. Dans le même temps, la prime devait être réduite chaque année de 1%1 (plus la ville ne rachetait pas la société pendant ces 10 ans, plus la prime diminuait). Ainsi, le traité de Kiev permettait à la fois le rachat au rendement capitalisé et au coût.

"L'Union était très active dans l'économie municipale de la Russie tsariste jusqu'à sa fusion avec AEG en 1903. Par exemple, en 1899, la ville de Radom (Pologne) lui a accordé une concession de 38 ans pour l'installation d'un éclairage électrique. Le droit de la ville d'acheter la centrale électrique était effectif 10 ans après la date de mise en service, et le concessionnaire pouvait exercer son droit à tout moment après l'expiration de ces 10 ans. La même année, la société de l'Union a conclu un contrat de concession avec l'administration de l'oblast de Terskoïe pour l'établissement et l'exploitation de la centrale électrique. La durée de la concession était fixée à 24 ans, mais le droit de rachat n'était pas prévu et, comme on l'a vu, cette durée contrastait fortement avec les durées habituelles des concessions, qui sont de 30 à 40 ans.

L'objectif du contrat de l'Union Terek était de construire une centrale électrique pour alimenter en électricité les champs pétrolifères du district de Grozny dans les zones

---

136.
[257]Cité à partir de : Concessions dans le domaine du logement, des services publics et des transports en Russie et en URSS. C. 119.

des villages de Grozny et d'Ermolovskaya. Il y avait un article dans l'accord qui était "absolument exceptionnel" pour la pratique russe et qui parlait de la location du terrain sur lequel la centrale électrique devait être construite. Cette clause stipulait que si le contrat n'était pas renouvelé, à la fin de sa durée, les biens et le réseau de câblage restants sur le site seraient démontés et enlevés de là dans les trois mois, à moins qu'ils ne soient remis à un nouveau bailleur[258][259].

Contrairement au souhait général des concessionnaires d'établir dans le contrat une condition de rachat anticipé de l'entreprise à la rentabilité capitalisée, les entrepreneurs ont parfois proposé d'autres options aux autorités. Par exemple, en 1900, la société anonyme du tramway de Koursk a proposé au gouvernement de la ville de Koursk de choisir lui-même la méthode de rachat de l'entreprise - au prix coûtant ou à la rentabilité capitalisée. L'offre du demandeur est arrivée au moment où la question d'une concession pour une centrale électrique à Koursk a été soulevée. La durée de la concession a été fixée à 40 ans. Deux conditions de rachat ont été proposées :

1) Si la ville souhaitait racheter la centrale électrique après un an à compter de la date de sa mise en service, elle devait payer au "tramway de Koursk" 120 % de la valeur foncière d'origine de l'entreprise créée par la société anonyme. Après 5 ans, le prix de rachat a été réduit à 110 %, après 10 ans à 100 %, après 15 ans à 87,5 %, après 20 ans à 75 %, après 25 ans à 60 %, après 30 ans à 45 % et après 35 ans à 25 % de la valeur initiale du bien ;

2) Le conseil municipal, à sa discrétion, pouvait racheter la société tous les dix ans. Le montant du remboursement devait être calculé sur la base de la capitalisation du revenu net annuel moyen correspondant aux 5 dernières années avant le remboursement, sur la base des pourcentages suivants : après 10 ans - de 6 %, 20 ans - de 9 %, 30 ans - de 18 % du revenu net moyen. Le montant total du remboursement, en tout état de cause, ne peut être inférieur à 10 % du montant qui aurait été dû au concessionnaire lors du remboursement au prix coûtant : après 10 ans au moins 90 %, après 20 ans au moins 67,5

---

[258]   Concessions en matière de logement, de services publics et de transport en Russie et en URSS ... C. 119.
[259]   Ibid. C. 106.

99

%, après 30 ans au moins 40,5 % de la valeur initiale du bien [260].

Une option inhabituelle était le rachat de la société non seulement par le bénéfice net, mais aussi par le bénéfice brut. Un tel précédent a eu lieu en 1912 dans le contrat entre le Zemstvo du district de Saint-Pétersbourg et la "Electric Lighting Company of 1886". Le contrat a été conclu pour une période allant du 11 septembre 1912 au 31 décembre 1953 (un peu plus de 41 ans). Le droit de rachat a été accordé au Zemstvo après 21 ans et 31 ans de concession, c'est-à-dire en 1933 et 1943. L'accord fixe également les conditions de rachat. Ainsi, le zemstvo devait payer à l'entrepreneur une somme forfaitaire :

- soit un montant égal au montant capitalisé à partir de 5 % du revenu net au cours des 5 dernières années précédant le rachat ;

- soit un montant égal à 30 % du revenu brut de l'entreprise, multiplié par 40 pour le rachat de 1933, et par 20 pour le rachat de 1943. Il est vrai qu'il n'a pas été précisé pour quelle année le revenu brut devait être pris1. Il est possible que ce soit le revenu brut moyen pour les années d'exploitation de la concession avant la date de rachat.

Dans le cas d'une forme de rachat de l'entreprise par le propriétaire (la ville), un point compliqué mais souhaitable était le calcul préliminaire par le concesseur de la dynamique de rentabilité de l'objet de la concession. Si la concession devait générer de faibles bénéfices ou si le taux d'augmentation des bénéfices était trop faible, il n'était pas nécessaire d'introduire une clause sur le droit de rachat[261][262] imminent dans le contrat.

Pour en revenir aux conditions des concessions communales, il faut rappeler une fois de plus que dans la période pré-révolutionnaire, leur durée moyenne était de 30-40 ans. Mais déjà à l'époque soviétique, il était question de revoir les termes des concessions en vue de leur réduction. Le rythme accéléré du développement économique, scientifique et technologique de l'Union soviétique et des pays occidentaux a nécessité une révision des conditions de concession.

Il a été considéré que "avec le rythme rapide du développement des formes et des

[260] Concessions en matière de logement, de services publics et de transport en Russie et en URSS ... C. 119.

[261] Concessions en matière de logement, de services publics et de transport en Russie et en URSS ... C. 119-120.

[262] GARF. F. R-8350. Op. 1. Д. 83. Л. 417-418.

relations économiques, avec l'évolution de la conjoncture générale et privée, il semble absolument impossible de construire des plans et des calculs pour des périodes aussi longues. Si, dans la conjoncture relativement lente de l'économie nationale d'avant-guerre, la vie justifiait plus ou moins les hypothèses des parties, dans les calculs modernes, les périodes éloignées sont porteuses de la possibilité des surprises les plus inattendues pour les parties contractantes"[1].

La science et la technologie ont évolué rapidement. En conséquence, en peu de temps, non seulement divers types d'équipements techniques sont devenus obsolètes et ne correspondent plus à leur objectif, mais aussi les méthodes mêmes pour atteindre leurs buts. C'est-à-dire que les méthodes de mouvement, de communication, les sources et les formes d'énergie, etc. ont commencé à changer. Dès les années 1920, les progrès - scientifiques et technologiques ont "abandonné" les chemins de fer à cheval, les téléphones des gares centrales, les abattoirs de brousse et autres installations, autrefois florissants. Pour ces raisons, l'abandon des concessions pour une période de 30 à 40 ans a commencé à être considéré comme déraisonnable, et il a été recommandé de fixer une durée moyenne de 2025 ans[263][264].

Il y avait une raison plus sérieuse pour raccourcir la période de concession. En 40 ans, le matériel de l'entreprise, même s'il est soigneusement entretenu et réparé dans les délais, deviendra obsolète et devra être remplacé par du nouveau matériel après le transfert de l'entreprise au concédant. Il s'agit de l'obsolescence physique des équipements, mais il faut aussi garder à l'esprit l'obsolescence morale, qui se produit au cours du progrès scientifique et technologique. Même une entreprise bien équipée peut devenir non rentable au bout de 40 ans et nécessiter d'importants investissements en capital pour un rééquipement radical.

Le fait suivant a été cité en exemple. Lorsque l'ampoule électrique d'Edison est apparue (comme nous l'avons toujours considérée comme "en essence Lodygin"[265]), le

---

[263]   Concessions en matière de logement, de services publics et de transport en Russie et en URSS ... C. 99.

[264]   Ibid.

[265] L'inventeur russe A.N. Lodygin a inventé une lampe à incandescence au carbone en 1872. Il a reçu un brevet en 1874. Le journal américain New York Herald a publié en décembre 1879 un article sur l'invention de T.A. Edison - lampe à incandescence à filament de carbone. Avant cela, seules les lampes à arc étaient une source d'éclairage.

gaz et le kérosène concurrençaient avec succès l'éclairage électrique pour l'éclairage des villes. L'éclairage au gaz et au kérosène est moins cher, mais l'éclairage électrique est considéré comme un luxe, et il est donc lent à être introduit dans la pratique quotidienne. Lorsque les lampes dites "économiques" sont entrées en service, le gaz et le kérosène pour l'éclairage ont commencé à reculer. Le coût de la combustion d'une lampe à 16 bougies est passé de 2 kopecks à 0,74 kopecks par heure1.

En conséquence, le nombre de lampes électriques à incandescence installées a commencé à augmenter rapidement. Par exemple, en 1911, le nombre de lampes connectées aux stations de la "Société d'éclairage électrique de 1886" à Saint-Pétersbourg, Moscou et Lodz était de 1 million 760 mille 221. Cependant, ce n'est que pendant une période d'un an, en 1912, que 359 000 899 lampes supplémentaires, soit un cinquième de toutes les lampes qui étaient fournies par le réseau de la Société, ont été connectées aux stations. Dans ce cas, le progrès technique a permis, d'une part, le développement de l'entreprise, mais, d'autre part, il y a eu une réduction significative de la production de gaz pour l'éclairage. Avec des contrats de concession pouvant aller jusqu'à 40 ans, le concessionnaire a plus de chances de gagner que le concédant[266][267].

Plus tard, sous le pouvoir soviétique, on a essayé de prendre en compte le facteur du progrès scientifique et technologique et son impact sur l'efficacité des structures techniques. Ainsi, le 1er octobre 1926, un modèle de contrat de concession pour le droit d'exécuter des travaux de construction a été approuvé. Elle comportait une condition selon laquelle "pendant la durée de la concession, le concessionnaire s'engage à introduire dans son ouvrage également des améliorations supplémentaires dans le domaine des travaux de construction, dans la mesure où elles seraient justifiées par le calcul commercial". Toutefois, cette condition, en raison de son caractère vague, est devenue une source de litiges et de malentendus entre les parties plutôt que d'améliorations techniques[268].

Elle n'a pas été en mesure de maintenir l'entreprise concessionnaire au niveau des

---

[266]   Concessions en matière de logement, de services publics et de transport en Russie et en URSS ... C. 107.
[267]   Ibid. C. 107-108.
[268]   GARF. F. R-8350. Op. 1. Д. 108. Л. 212.

réalisations techniques modernes. Elle n'a pas pu empêcher l'obsolescence des équipements et, par conséquent, la perte totale ou partielle de leur efficacité. La tentative de trouver un remède contre les effets destructeurs de l'époque dans les conditions de la vie trépidante et du développement rapide de la technologie est impuissante. Les contrats de concession à long terme dans l'économie municipale "sont entrés dans l'histoire, avec les chemins de fer hippomobiles, les omnibus postaux et les autres biens des musées municipaux"[1].

Outre le raccourcissement de la durée des concessions, la vie a exigé l'inclusion d'autres conditions dans les contrats, qui devaient neutraliser les conséquences des changements économiques et technologiques. Dans ces conditions, l'exploitation d'une entreprise concessionnaire particulière selon le schéma technique et commercial initial devait devenir non rentable et peu pratique. À ce titre, il a été suggéré que les contrats de concession devraient toujours inclure des conditions de résiliation anticipée ou de liquidation de la concession, ainsi qu'une condition de restructuration radicale de l'entreprise[269][270].

En mars 1928, il a été décidé de fixer la durée du contrat de concession dans le domaine des services publics à 20-25 ans avec un droit de rachat anticipé de l'entreprise par le concesseur. Ce terme a été étendu aux transports publics, à l'approvisionnement en eau, à l'assainissement, à la fourniture d'électricité et de gaz, à l'hôtellerie et au commerce, ainsi qu'aux entreprises d'entreposage. Si la construction de la société de concession - nécessitait d'importants investissements en capital, il était jugé possible de prolonger la durée de la concession à une période comprise entre 5 et 10 ans. Pour les centraux - téléphoniques urbains, la durée de la concession a été fixée à 18 ans[271].

Une période de concession de 25 ans a été considérée comme la plus souhaitable. Le calcul était le suivant : il fallait généralement 3 à 5 ans pour la période d'organisation et de développement initial de l'entreprise, et ce n'est qu'à la cinquième ou sixième année de fonctionnement que l'entreprise commençait à faire des bénéfices. En conséquence, le concessionnaire n'a pu exploiter une entreprise rentable que pendant 20 ans, il semblait

---

[269] GARF. F. R-8350. Op. 1. Д. 108. P. 212 ob.
[270] Ibid. P. 212 ob. - 213.
[271] GARF. F. R-8350. Op. 1. VOL. 27. L. 171-172.

peu probable qu'il puisse attirer un entrepreneur pour une période plus courte. Un point important pour le concédant était que si la période de concession était inférieure à 20 ans, il y avait un risque que le concessionnaire reprenne l'entreprise avec un équipement usé et obsolète, dont la durée de vie ne dépassait généralement pas 15-20 ans. Le calcul du terme lorsque cette circonstance a été prise en compte a démontré une approche purement utilitaire. Il a été jugé raisonnable d'établir une période de concession de 25 ans, qui dépassait la durée de vie moyenne de l'équipement et qui permettait au concessionnaire d'en remplacer une partie importante1.

3.3. Tarifs

Une question d'actualité dans la pratique des concessions municipales est la -question des paiements annuels du concessionnaire à la ville (c'est-à-dire la part ou la redevance de concession). Dans la pratique russe, ces paiements étaient fixés en pourcentage du revenu brut de l'entreprise. Certains contrats prévoyaient également un paiement supplémentaire à la ville dans les cas où le bénéfice net de l'entreprise dépassait un certain pourcentage (par exemple, dans le contrat de Kiev - 5% sur le capital social). La moitié du surplus de ce certain pourcentage est également allée à la ville[272][273].

La redevance sur les recettes brutes était soit fixée sous la forme d'un pourcentage fixe pour la durée du contrat, soit le pourcentage était augmenté à certains intervalles. Par exemple, à Saint-Pétersbourg et à Moscou, un pourcentage fixe des revenus bruts des fournisseurs d'électricité a été fixé. À Moscou, il était de 6,5 % sur les sommes reçues pour l'énergie fournie à des fins d'éclairage, et de 3 % sur les sommes reçues pour l'énergie à des fins motrices et techniques. À Saint-Pétersbourg, il était de 8 % et 4 %, respectivement. À Kiev, le pourcentage des déductions a augmenté après certaines périodes, mais il était uniforme, c'est-à-dire qu'il ne dépendait pas de l'objectif pour lequel l'énergie était libérée. Pendant les cinq premières années de concession, il était de 5 %, pendant les cinq années suivantes de 6,5 %, pendant les cinq années suivantes de 7,5 %,

---

[272] Concessions en matière de logement, de services publics et de transport en Russie et en URSS ... C. 111.
[273] Ibid. C. 116.

et après les cinq années suivantes et jusqu'à la fin du contrat, la déduction annuelle sur le revenu brut de l'entreprise concessionnaire était de 8 %.

La version de Kiev de la déduction en faveur de la ville a été considérée comme la plus acceptable, car la raison de l'augmentation du pourcentage de la déduction est le fait que généralement, avec l'augmentation du volume de production, le coût unitaire de production diminue. En outre, l'importance du pourcentage de déduction ne peut pas être la même dans toutes les villes, mais dépend des conditions locales spécifiques1.

Une propriété mathématique très importante de la durée d'un contrat de concession a été découverte : les deux valeurs - la durée de la concession et le montant des tarifs pour la fourniture de services d'utilité publique à la population - sont dans une relation réciproque. C'est une conséquence de la différence qui existait (et existe toujours) entre les concessions industrielles et municipales. Contrairement aux concessions industrielles, qui travaillent pour le marché et déterminent le prix de vente de leurs produits en fonction des conditions du marché, les concessions municipales sont généralement liées par des tarifs spécifiques[274][275].

Étant donné que les concessions municipales ont tendance à être en position de monopole, il est nécessaire de respecter les intérêts du grand public. Tout cela, à son tour, crée la nécessité de limiter les tarifs. Dans un tel cas, la question se pose de savoir à quel moment le montant des tarifs entre en collision avec d'autres conditions, telles que la durée du contrat, et quand une concession dans l'une de ces conditions ne peut être faite qu'au détriment de l'autre.

S'il y a une corrélation entre le taux tarifaire et la durée du contrat, il a été recommandé d'établir leurs valeurs moyennes normales en calculant le capital fixe et circulant nécessaire de l'entreprise concessionnaire, les dépenses opérationnelles et fiscales estimées, ainsi que le volume du produit dont la libération est prévue, sur la base desquels le coût unitaire moyen estimé de la production est calculé. Pour calculer plus précisément le prix de vente unitaire moyen (c'est-à-dire le taux tarifaire moyen), il a fallu établir

---

[274]   Concessions en matière de logement, de services publics et de transport en Russie et en URSS ... C. 116-117.
[275]   GARF. F. R-8350. Op. 1. Д. 108. Л. 209.

• une marge bénéficiaire moyenne normale ;

• le remboursement annuel du capital investi ;

• période de concession.

Il existe une relation de proportionnalité financière inverse entre ces trois quantités - une augmentation de l'une d'entre elles entraîne une diminution correspondante de l'autre. Par exemple, une augmentation de la marge brute de l'entreprise concessionnaire par une augmentation des tarifs entraîne une augmentation correspondante du montant des déductions annuelles pour le remboursement du capital investi, ce qui entraînera un remboursement plus rapide de celui-ci. Dans un tel cas, la période de concession est raccourcie. Dans le cas contraire, c'est-à-dire lorsqu'une baisse des tarifs entraîne une diminution correspondante du montant des bénéfices et une diminution du montant des dotations annuelles pour le remboursement du capital investi, mais que la période de concession augmente1 .

Par conséquent, la durée de la concession peut servir d'outil pour réguler les tarifs, tout comme les tarifs peuvent réguler la durée de la concession.

Dans la seconde moitié des années 1920, en Union soviétique, on a jugé souhaitable de raccourcir les périodes de concession. En cas de raccourcissement de la durée, il était particulièrement important de calculer le coût unitaire de production de l'entreprise concessionnaire, de sorte que l'augmentation des taux tarifaires au-delà des montants nécessaires ne soit pas utilisée pour un profit supplémentaire du concessionnaire, mais serve à accélérer le rachat de l'entreprise (en cas de forme de rachat)[276][277].

La question des tarifs est complexe. L'importance des tarifs des services de concession dépend du coût du carburant et des autres matériaux, de l'importance des salaires, de l'économie des équipements installés, du montant des paiements à la ville et de la durée de la concession. Dans les contrats de concession prérévolutionnaires pour la construction de chemins de fer et de tramways à traction animale, le tarif était parfois fixé comme le taux maximum par verst et la classe du siège du passager (comme

---

[276] GARF. F. R-8350. Op. 1. Д. 108. P. 209-209 on.
[277] Ibid. P. 209 et suivantes.

106

maintenant, par exemple, les avions ont la "classe affaires" et la "classe économique").

Par exemple, à Tula, le péage de la gare de passagers ne devait pas dépasser 2 % de kopecks pour le siège de première classe et 2Ts kopecks pour le siège de deuxième classe par verst. À Nijni Novgorod, le tarif ne devait pas dépasser 5 kopecks en première classe et 3 kopecks en deuxième classe pour le trajet "d'ascenseur en ascenseur". Mais "pour les voyages depuis la ville", le paiement à la gare a été doublé. À Smolensk, le péage a été fixé à 5 kopecks pour les stations énumérées dans le contrat de concession1.

Autrement dit, le tarif maximum dans les contrats a été fixé en fonction de la classe du siège et de la distance du voyage du passager.

Les tarifs de l'électricité ont également été différenciés - les tarifs ont été fixés à un niveau plus élevé pour l'utilisation de l'électricité pour l'éclairage et à un niveau plus bas pour les besoins techniques. Des tarifs spéciaux ont été introduits pour l'éclairage public. Des taux différents ont également été fixés selon la source de lumière (lampes à incandescence ou à arc) et selon la personne - le consommateur ou le concessionnaire - chargée de remplacer les lampes grillées. Le concessionnaire était tenu d'accorder une remise allant de 5 à 40 % selon le nombre d'heures de fonctionnement des sources lumineuses. Les tarifs d'électricité maximums pour l'éclairage étaient de 30 kopecks par kilowattheure et pour les moteurs de 12 à 15 kopecks par kilowattheure[278][279].

Dans certains contrats, le concessionnaire était obligé de réduire les tarifs lorsque le bénéfice net de la société d'électricité concessionnaire dépassait un certain pourcentage (généralement 8 %) du capital investi. Ou alors, il a été obligé de faire certaines remises aux consommateurs. Le traité de Koursk était assez curieux à cet égard. Il a donné le droit au gouvernement de la ville de Koursk de diminuer de manière indépendante les tarifs des services de l'entreprise concessionnaire pour l'approvisionnement des - consommateurs en énergie électrique tous les cinq ans. Cela pourrait se faire pour les raisons suivantes : les tarifs réduits par la décision des autorités de la ville devraient correspondre aux tarifs en vigueur dans trois villes, au choix des autorités de la ville, villes de Russie européenne, où la production d'électricité est réalisée au moyen de

---

[278]   Concessions en matière de logement, de services publics et de transport en Russie et en URSS ...
C. 114-115.
[279]   Ibid. C. 115.

moteurs de capacité non supérieure et non à un prix de carburant inférieur1.

Déjà pendant la période soviétique, il était recommandé, à titre d'orientation générale et pour raccourcir la période de concession, d'opter pour une certaine augmentation des tarifs. Elles devaient être telles que le concessionnaire puisse effectuer des paiements annuels à la ville, d'un montant suffisant pour permettre l'accumulation de la somme de rachat, payable au concessionnaire à la fin de la durée de la concession. En général, il a été recommandé à nouveau d'accorder une attention particulière au calcul des coûts de production [280][281] lors de la conclusion du contrat avec l'entrepreneur.

En 1929, compte tenu de l'expérience des concessions communales pré-révolutionnaires, il a été proposé d'introduire un tarif "différentiel" pour l'éclairage. Il a été proposé d'établir un barème de remises lors de la fixation du tarif solide et avec un certain nombre minimum de kilowattheures par installation, lorsque le taux de consommation est augmenté. Ce système a été jugé avantageux tant pour la plante elle-même que pour le consommateur. Il a été utilisé avant la révolution à Bakou dans le cadre du contrat avec la société "Electric Power".

En outre, il était alors considéré comme extrêmement important de fournir de l'eau aux pauvres aux prix les plus bas. À Bakou, l'ingénieur Lindley (constructeur de la conduite d'eau Bakou-Sollar) a mis au point un système de tarifs, qui était lié au taux de location. Grâce à cela, les districts centraux (riches) et, en particulier, les entreprises commerciales payaient environ 5 kopecks par seau, et les banlieues pauvres payaient 1 kopeck pour 50 seaux[282].

Il est bien sûr impossible d'appliquer cette approche à la tarification des services publics. Cependant, la taille du tarif peut être mise en dépendance de l'âge et de la qualité du logement. Les habitants des maisons "khrouchtchevka" peuvent difficilement être comparés aux propriétaires d'appartements d'élite confortables en ce qui concerne leur solvabilité et, partant, leur capacité de paiement. Le fait historique soulève une question légitime : si l'approche dite "différentielle" avait le droit d'exister dans l'Empire russe,

---

[280] Concessions en matière de logement, de services publics et de transport en Russie et en URSS ... C. 115-116.
[281] Ibid. C. 116.
[282] Concessions en matière de logement, de services publics et de transport en Russie et en URSS ... C. 144-145.

pourquoi ne peut-elle pas exister dans la Fédération de Russie ?

Chapitre IV
LES CONCESSIONS DANS D'AUTRES INDUSTRIES

4.1. Opération d'échafaudage

La location de zones forestières en Russie pour l'exploitation de concessions à des entrepreneurs privés a une longue histoire. Les concessions étaient pratiquées dans les forêts domaniales (ou "datchas forestières"). Habituellement, le transfert des forêts pour une exploitation à long terme s'accompagnait de l'imposition d'obligations aux entrepreneurs privés pour leur "équipement ménager". Par "équipement ménager", on entend la création d'infrastructures de transport et de production, c'est-à-dire la construction de routes, l'organisation d'entreprises de travail du bois, etc. Dans de rares cas, la location de [283]datchas forestières a été utilisée en Russie.

Les précurseurs des concessions forestières en Russie doivent être considérés comme plusieurs accords conclus à la toute fin du XIXe siècle. En 1896, des règles ont été édictées en Russie, qui prévoyaient la vente de lots de bois scié à des conditions préférentielles avec un abattage sélectif de 140 000 grumes par an pendant 13 ans. Conformément à ces règles, un contrat a été conclu entre le Trésor et un entrepreneur suédois, Alfred Lidbeck. Lidbeck s'est engagé non seulement à abattre 1 million 820 000 grumes pendant ces 13 années, mais aussi à construire une scierie dans l'embouchure de la rivière Pechora. En 1898, sur la base des recherches effectuées dans le cours supérieur de la rivière Pechora, il a été décidé d'augmenter la production annuelle de bois du bassin de la Pechora jusqu'à 300 000 grumes. À cette époque, le Trésor public a conclu des contrats avec la maison de commerce suédoise "Ulsen, Stampe and [Co.]" et le marchand de bois français, le vicomte de Rouméfort. Un an auparavant, l'association Héritiers de Peter Belyaev avait reçu une offre de vente de 288 000 grumes de bois de sciage avec une période de récolte de 5 ans dans la péninsule de Kola. Les forêts domaniales qui s'y trouvent n'avaient jamais été exploitées auparavant1.

---

[283] RGAE. Ф. 478. Opt. 2. Д. 881. Л. 46.

Au début du XXe siècle, l'exploitation forestière était déjà autorisée sur la rivière Pechora et dans la région de la rivière Tuloma sur des zones de concession, louées dans le cadre de contrats à long terme à l'entreprise suédoise Stella Polare (sur la rivière Pechora) et à l'entrepreneur norvégien Baron Bergren (sur la rivière Tuloma). Dans le même temps, le département forestier du ministère russe de l'agriculture a également porté son attention sur le cours supérieur de la rivière Mezen (dans la province d'Arkhangelsk). Mais la concession sur le Mezen n'a pas été mise en œuvre, bien qu'une partie économique y ait été formée pour l'exploitation selon le contrat à long terme. Le véritable résultat de la "concession de Pechora" de Stella Polare a été la scierie à 10 châssis qu'elle a établie à Pus-tozersk sur Pechora. Cependant, il a fonctionné de manière improductive, n'utilisant que 40 à 45 % de sa capacité. Le concessionnaire norvégien, Bergren, a construit une scierie à trois châssis à Kole. Selon l'accord avec le concessionnaire, ce contrat a été résilié pendant la Première Guerre mondiale[284][285].

Avant la révolution, il y en avait aussi : "Concession de la forêt Souvorov", située à la gare de Sviyagino du chemin de fer d'Ussuria ; la concession de la firme allemande "Rüdgers" ; la concession de l'usine de pâte à papier Soukhonskaya Sokol dans la province de Vologda ; la concession des usines de Maltsev ; la concession de la "Société des usines de Briansk" ; la concession des entrepreneurs Fedorov, Bulgak et Vondrak dans le massif du Turov, etc.д. [286].

Le gouvernement russe a reconnu que la situation concernant l'utilisation du - capital de concession dans le secteur forestier était insatisfaisante. En 1916, le ministère russe de l'agriculture a développé un projet de grande envergure de cession de - concessions forestières, qui a été décrit dans la note "Les principales tâches de l'administration forestière d'État après la guerre". On s'attendait à ce que la Russie d'après-guerre exporte environ 20 millions de grumes à l'étranger au lieu des 8 millions de grumes des exportations de bois d'avant guerre1.

C'était le premier projet de concession dans l'histoire de la Russie. Son principe de

[284]   Bitrich A.A. Forêts et exploitation forestière dans le Nord // Les forces productives du Nord de la Russie. Vol. II : Forêts. - M., 1922. С. 39-40.
[285]Concessions forestières de Mayer V.I. dans le nord de la partie européenne de la Russie // Forces productives du nord de la Russie. Vol. II : Forêts. - M., 1922. С. 69.
[286]   RGAE. Ф. 478. Opt. 2. Д. 881. Р. 46 ob. - 51.

base était l'application systématique du développement forestier à long terme. Selon le projet, un organe interministériel spécial a été créé en Russie - le Comité présidé par le ministre de l'Agriculture, qui comprenait le ministère des Finances, le ministère des Affaires étrangères, le ministère du Commerce et de l'Industrie, le ministère de l'Agriculture, ainsi que le Contrôle d'État. Il était prévu de donner les parcelles de terrain en concession sur les domaines forestiers de l'État pour une période n'excédant pas 36 ans. Il était prévu d'avoir 39 lots de ce type, dont 33 étaient situés sur l'océan Arctique et la mer Blanche[287][288].

Malgré le fait que le projet de 1916 supposait une augmentation des exportations de "bois rond", la principale exigence pour les demandeurs de concessions forestières était la création et le développement d'une industrie de transformation du bois. Elle a été conçue non seulement sous la forme de l'industrie des scieries existantes, mais surtout sous la forme de l'industrie du bois de pulpe et de la pâte à papier. Pour compenser les dépenses de capital du concessionnaire pour le développement de l'industrie du bois, il était censé vendre le bois sans faire d'appel d'offres, au prix moyen auquel il avait été récemment libéré des datchas de l'État[289].

Il y avait une autre incitation à attirer des entrepreneurs privés pour la création d'entreprises de bois. Il était prévu de leur donner de petites parcelles de terre (pas une concession) d'un maximum de 500 dessiatina pour chaque plante (1 dessiatina équivaut à 1,09 hectare) pour construire les usines. L'État s'est réservé le droit de participer aux bénéfices des entreprises. L'attribution de ces zones n'a été prévue que dans les - "backwoods" peu peuplés, où les ventes de bois sont très limitées, voire inexistantes. Les zones de concession devaient alterner avec des zones libres, qui pouvaient être utilisées par le Trésor public à des conditions plus favorables après l'émergence d'un certain nombre d'entreprises de bois1.

Le projet a pris en compte les difficultés d'implantation de l'industrie forestière dans les régions "éloignées". Il a été décidé de coordonner la planification des concessions forestières avec la construction des chemins de fer, dont les projets étaient

---

[287]   Les concessions forestières de Gaevsky P.M. et la colonisation du Nord ... C. 9.
[288]   Les concessions forestières de Mayer V.I. dans le nord de la partie européenne de la Russie ... C. 71.
[289]   Ibid. C. 71-72.

alors sur le point d'être mis en œuvre. Par exemple, une superficie de 9 millions de dessiatinas de forêts a été attirée par le chemin de fer de Mourmansk, construit en 1916. La concession de zones forestières a été naturellement prévue dans la zone de gravitation de la route de Mourmansk. Le même régime était prévu en cas de réalisation du projet de la ligne ferroviaire Soroka - Kotlas. Le projet de chemin de fer Ob-Belomorskaya a été jugé particulièrement prometteur à cet égard, car il pourrait concerner d'énormes surfaces de forêts dans le chiffre d'affaires mondial[290][291].

Ces mesures, ainsi que d'autres prévues dans le plan de 1916, n'ont pas été mises en œuvre en raison des événements de février 1917. Ce n'est qu'en septembre 1917 que le ministère des Forêts s'est à nouveau penché sur cette question. Les règles relatives à la location à long terme de bois directement aux entreprises déjà existantes pour le traitement mécanique et chimique et la transformation du bois dans les provinces du nord de la Russie européenne et de la Sibérie ont été élaborées. Selon ces règles, tous les demandeurs de concessions devaient obtenir, sur leur demande, des permis pour effectuer une étude économique des forêts des datchas dans les zones "sous-exploitées" des provinces d'Arkhangelsk, d'Olonets, de Vologda et de Perm, ainsi que dans les régions de la taïga sibérienne.

Afin d'examiner les projets (demandes) préparés par les demandeurs, une commission assez lourde composée de représentants de plus de vingt départements a été créée sous l'égide du ministère de l'agriculture. La Commission devait examiner les demandes lors d'une séance publique et ses conclusions devaient être approuvées par le ministre de l'agriculture. La durée des contrats pouvait aller de 25 à 50 ans. En tout état de cause, six années supplémentaires ont été ajoutées au délai de production d'ouvrages pour équiper les entreprises. Le bénéfice net d'une entreprise de plus de 8 % devait être réparti entre l'État et l'entreprise (par "entreprise", on entend l'administration, les employés et les ouvriers)·1

Les règles ont été examinées par le Conseil des congrès de l'industrie forestière, qui a proposé une version légèrement différente des règles. En particulier, les représentants de l'industrie du bois ont proposé que la mise en œuvre des concessions

---

[290]   Les concessions forestières de Gaevsky P.M. et la colonisation du Nord ... C. 9.
[291]   Ibid. C. 10.

forestières soit attribuée au ministère du commerce et de l'industrie, qu'un prix fixe de la forêt soit établi, etc. Avec toutes leurs réserves, ils n'ont pas rejeté la participation de l'État au bénéfice net des entreprises. Le plus important est que les industriels ont développé dans leurs propositions l'idée de combiner les objets des concessions. Cela signifie qu'ils ont proposé de ne pas coordonner l'exploitation forestière et la construction d'entreprises forestières avec la construction de chemins de fer, mais de combiner l'exploitation forestière avec l'exploitation du sous-sol, l'exploitation de terres agricoles, etc. Cette combinaison a permis de poser la question non seulement du développement de la foresterie locale, mais aussi du développement intégré de l'économie régionale et de la colonisation des territoires du Nord. Cependant, les événements qui ont suivi n'ont pas permis la mise en œuvre du plan - ni selon le schéma du ministère de l'agriculture, ni selon le schéma du Conseil des congrès forestiers[292][293].

4.2. Télégraphe international

A l'échelle nationale, la **communication télégraphique était** considérée comme extrêmement importante pour la Russie. Le pionnier dans l'introduction de cette industrie dans le pays a été la firme Siemens. Elle a été fondée en 1847 par Werner Siemens (frère aîné de Carl Siemens) et le mécanicien J. Halske. La même année, les représentants russes ont entamé des négociations avec la société. La partie russe (très probablement - sur la base d'une concession) a proposé aux Allemands de construire une ligne télégraphique reliant Saint-Pétersbourg et Moscou. En 1852, Siemens & Halske a construit la ligne télégraphique souterraine Saint-Pétersbourg - Oranienbaum, et en 1853 a posé la ligne sous-marine Oranienbaum - Kronstadt. L'entreprise a été particulièrement active pendant la guerre de Crimée, lorsque les lignes télégraphiques de Gatchina à Varsovie, de Moscou à Kiev et de Kiev à Odessa ont été construites en un temps record.

La ligne Odessa-Sevastopol a été particulièrement importante pour l'effort de guerre en Crimée. Le gouvernement russe a passé une commande à Siemens & Halske

---

[292] Les concessions forestières de Mayer V.I. dans le nord de la partie européenne de la Russie ... C. 72.

[293] Ibid. C. 72-73.

pour l'294entretien de la plus grande partie du réseau télégraphique (réparations). Le contrat a duré jusqu'en 1867, date à laquelle les réparations ont été effectuées par les Russes. Au début des années 1880, la société a reçu du gouvernement russe le droit d'utiliser l'aigle bicéphale russe comme marque de fabrique. En outre, les employés de Siemens & Galske, qui étaient inspecteurs des lignes télégraphiques russes, ont reçu le droit de porter des uniformes officiels.

Mais dans le cas de Siemens, il s'agissait d'une communication télégraphique interne et, par conséquent, la **communication télégraphique internationale,** y compris la pose de câbles sous-marins, était d'une importance stratégique pour l'État russe. Dans le monde, le premier câble sous-marin entre la Grande-Bretagne et la France a été posé en 1851, ce qui a marqué le début de la télégraphie internationale. Par la suite, ils ont commencé à être activement posés partout dans le monde. En 1852, la longueur totale des lignes sous-marines était de 46 kilomètres, en 1862 de 1270 kilomètres, en 1872 de 60 mille 154 kilomètres, en 1892 de 265 mille 463 kilomètres. Le professeur danois Kurt Jakobsen a cité l'historien finlandais J. Ahvénainen, qui a déclaré que la télégraphie a introduit le facteur temps dans l'histoire mondiale plus que les autres moyens de communication et que la communication télégraphique internationale a fait de la - politique mondiale une réalité1.

Situé entre l'Ouest et l'Est, l'Empire russe est devenu, dès le XIXe siècle, un - important pays de transit pour les communications télégraphiques internationales, qui s'effectuaient par des lignes terrestres, souterraines et sous-marines. Les concessions accordées aux grandes sociétés télégraphiques étrangères ont joué un rôle décisif à cet égard. L'importance de ces concessions pour le gouvernement russe est illustrée par l'exemple de la concession de la société britannique "Indo-European Telegraph Company" ("Indo")[295][296]. Cette concession pour les services télégraphiques entre l'Europe et l'Inde britannique a été renouvelée deux fois dans son histoire, d'abord par le

[294] Diakonova I.A. Investissements allemands directs dans l'économie de la Russie impériale ... C. 132.
[295] Jakobsen K. Great Northern Telegraph Society et la Russie : 130 ans de coopération à la lumière de la grande politique // Otechestvennaya istoriya. № 4. 2000. C. 44-45.
[296] Cette société a construit la ligne télégraphique indo-européenne en 1870, qui reliait Londres et Calcutta via Berlin, Varsovie et Téhéran.

gouvernement du tsar, puis par le gouvernement soviétique. La concession initiale, - approuvée par Alexandre II le 16 novembre 1873, portait sur la mise en place et l'exploitation de la longue ligne télégraphique sud reliant Alexandrovskaïa (gare de la ligne Varsovie-Venise) - Odessa - Kertch - Kouïs - Julfa (ville située à la frontière russo-personnelle). La durée de la concession a expiré le 19 (31) janvier 1905[297].

Cependant, le 25 décembre 1899, l'empereur Nicolas II a approuvé une nouvelle concession à la société qui a remplacé la concession du 16 novembre 1873. Selon ses termes, "Indo" était obligé de maintenir la ligne, qui avait été arrangée par elle, en état de fonctionnement constant. Indépendamment du fait de la conclusion de cette nouvelle concession, son terme a expiré le 19 (31) janvier 1905. Ce jour-là, toute la ligne avec tous ses accessoires et en bon état, exploitée par la compagnie dans les limites de la Russie, a dû être remise en possession du gouvernement sans compensation. Mais le même jour, le gouvernement russe a accordé à la "société indo-européenne" une nouvelle concession pour une période de 20 ans, ou plus précisément
l'a prolongée jusqu'au 19 janvier (31) 1925, et ce, en grande partie selon les termes de la concession du 16 novembre 1873.1

Dans les deux contrats - 1873 et 1899 - le gouvernement russe, en la personne du ministère de l'Intérieur (relevant du département principal des postes et des télégraphes), a exigé du concessionnaire anglais la fourniture de la ligne qu'il exploitait avec des appareils télégraphiques du meilleur système et de la meilleure qualité. Si possible, la Société indo-européenne devait apporter à son entreprise toutes les améliorations et perfectionnements correspondant à l'état actuel de la technologie télégraphique à cette époque. Toutefois, toute amélioration ou modification des lignes ou des stations existantes ne pourrait être autorisée qu'après avoir obtenu l'autorisation préalable du Département principal des postes et des télégraphes du ministère de l'Intérieur de Russie[298][299].

La compagnie était obligée de maintenir au moins 5 stations sur sa ligne pour le transfert des dépêches des lignes gouvernementales vers la ligne de la compagnie et vice-

---

[297] Concession pour l'entretien et l'exploitation de la ligne télégraphique indo-européenne à l'intérieur de la Russie. - Odessa, 1901. C. 1, 8.
[298] Concession pour l'entretien et l'exploitation de la ligne télégraphique indo-européenne ... C. 1, 8.
[299] Ibid. C. 2.

versa. Ces stations étaient censées être situées dans les bâtiments de la poste d'État. S'il n'y avait pas de locaux adéquats dans les bâtiments, la société devait trouver des locaux dans d'autres endroits. Le gouvernement russe avait le droit de confier à ses fonctionnaires le soin de superviser l'entretien de la ligne[300].

La ligne Aleksandrovskaya - Odessa - Kertch - Koutaïs - Julfa exploitée par la compagnie avait une sorte de monopole. Il était destiné à la transmission exclusive de télégrammes de transit en provenance et à destination de l'Inde via la Russie. Si ces télégrammes en transit arrivaient en Russie par d'autres lignes, le service postal et télégraphique russe était obligé de les détourner vers la ligne russe "Indo". La société était également tenue de transmettre non seulement la correspondance en transit, mais aussi la correspondance de la Russie vers l'Inde et vers les pays "situés au-delà de l'Inde", et le service postal et télégraphique russe se réservait le droit d'envoyer cette correspondance selon d'autres modalités, existantes ou futures, à sa propre discrétion. La société avait également le droit de transmettre sur sa ligne les télégrammes euro-persan et euro-turc, à la suite du transit russe, mais le département des postes et des télégrammes n'était pas obligé d'envoyer ces télégrammes sur la ligne "Indo"[1].

La ligne télégraphique Indo en Russie était considérée comme une agence gouvernementale. La correspondance télégraphique internationale transmise par cette ligne était soumise aux tarifs établis par la Convention télégraphique internationale et le Règlement. Les tarifs ne peuvent être modifiés qu'avec l'accord du chef de la Direction principale des postes et télégraphes. En guise de contribution, la société était tenue de verser au gouvernement 17,5 % de la taxe de transit russe pour chaque télégramme indien et "au-dessus de l'Inde" (c'est-à-dire adressé à l'Inde et aux pays voisins et envoyé de là) transmis par sa ligne. La société a garanti au gouvernement russe un revenu annuel de 111 000 roubles provenant de ces télégrammes, ce qui signifie que chaque trimestre, la société devait transférer au gouvernement russe au moins 27 000 750 roubles avec paiement d'un quart à l'avance. Des accords mutuels entre le bureau télégraphique postal russe et la société sur les tarifs de transfert de la correspondance d'autres lignes vers la

---

[300]   Ibid.

116

ligne de la société et inversement[301][302] ont également été établis.

Pour parvenir à "l'unité dans l'organisation de l'ordre de service" sur la ligne indo-européenne à travers le territoire de l'Europe, de la Russie, de la Perse et de l'Inde britannique, une commission spéciale a été créée. Il devait discuter des affaires générales de la ligne, élaborer un code de conduite et le revoir de temps en temps, superviser le calcul des expéditions et les conditions techniques du matériel. Les membres de la commission ont été nommés directeurs ou directeurs adjoints des départements télégraphiques des États traversés par la ligne indo-européenne, ainsi qu'un représentant autorisé de la Société télégraphique indo-européenne. Les statuts de la société devaient se conformer autant que possible à la convention et au règlement télégraphiques internationaux existants. Les résolutions de la commission ne devaient être appliquées qu'après leur approbation par le ministère concerné.1

Le gouvernement russe avait le droit de contrôler la société à sa discrétion afin de s'assurer de l'exécution exacte des termes de la concession par les employés de la société et de vérifier le nombre et le type des télégrammes qui transitent. Toutefois, les actions des contrôleurs ne devaient pas ralentir ou entraver la transmission des télégrammes. Tous les documents et livres de la société pouvaient être demandés à tout moment pour être inspectés par des fonctionnaires du gouvernement, mais les concessionnaires étaient informés à l'avance de ces inspections. Si des irrégularités ou des abus étaient découverts, l'entreprise était tenue de les corriger rapidement. Sinon, le gouvernement se réservait le droit de prendre des mesures pour sauvegarder ses intérêts[303][304].

La "Société télégraphique indo-européenne" a entrepris de créer des écoles dans trois villes russes sur ordre du chef de la Direction principale des postes et des télégraphes pour former des télégraphistes qualifiés "de nationalité russe". Les diplômés de ces écoles étaient placés sous la tutelle du département des postes et télégraphes russes et avaient un droit préférentiel d'entrer dans le service dans les entreprises de la société en Russie. De plus, après la première promotion de télégraphistes, la "Société Indo-Européenne"

---

[301]   Concession pour l'entretien et l'exploitation de la ligne télégraphique indo-européenne ... C. 2-3.

[302]   Ibid. C. 4-5.

[303]   Concession pour l'entretien et l'exploitation de la ligne télégraphique indo-européenne ... C. 6.

[304]   Ibid. C. 6-7.

avait déjà perdu le droit d'accepter des ressortissants étrangers pour travailler en Russie. En général, tous les employés étaient soumis à l'approbation préalable du chef de la direction principale des postes et télégraphes. À sa demande, la société a été obligée de renvoyer de sa direction en Russie les personnes reconnues comme "nuisibles"[305].

En cas de complications politiques dans les relations internationales de la Russie, l'ensemble de la ligne indo-européenne au sein de l'État russe devait être mis à l'entière disposition du gouvernement à la première demande. Si la société jugeait par la suite opportun de demander une rémunération pour la résiliation de la concession, le montant devait être déterminé d'un commun accord entre "Indo" et le Département principal des postes et des télégraphes. La pétition elle-même devait être présentée au Comité des Ministres, qui était appelé à prendre l'une ou l'autre décision, qui était approuvée par l'empereur et devait être obligatoirement exécutée. La société a acquis par avance le droit de conclure avec le gouvernement l'accord sur l'utilisation de la ligne télégraphique indo-européenne en Russie après le 19 janvier (31) 1925, c'est-à-dire après la fin de la concession qui lui a été accordée à la fin de 18991.

L'arrivée au pouvoir des bolcheviks a perturbé les relations de concession dans ce domaine, mais avoir une connexion télégraphique internationale dans le pays est une nécessité pour tout gouvernement. Le 12 avril 1923, le gouvernement de la RSFSR a relancé le contrat de concession avec Indo. L'objet de la concession était de restaurer et d'exploiter les lignes télégraphiques entre la Pologne et la Perse ainsi que le câble de la mer Noire entre Odessa et Constantinople (Istanbul) qui traversait le territoire soviétique. La compagnie a reçu le droit de transmettre par lignes télégraphiques et par le câble de la mer Noire la correspondance de transit à travers le territoire soviétique. En conséquence, l'Inde, la Perse et la Turquie britanniques ont établi des communications de transit avec les pays méditerranéens, les États des Balkans et d'autres pays européens, ainsi qu'avec les pays d'Amérique du Nord et du Sud à travers le territoire de l'URSS. "Indo" assurait une liaison télégraphique entre le sud de la Russie et la Grande-Bretagne et le continent américain (via la Grande-Bretagne). La concession devait être valable

---

[305]   Ibid. C. 7.

118

jusqu'au 31 décembre 1954[306][307], mais le contrat a pris fin en 1931.

Une situation similaire s'est produite dans le cas de la Compagnie télégraphique danoise du Grand Nord, qui avait une concession dans la Russie tsariste pour la - construction et l'exploitation de câbles télégraphiques sous-marins. En 1921, le gouvernement soviétique a non seulement rétabli la concession avec elle, mais a également assumé l'obligation de couvrir 6 millions de francs, ce qui était essentiellement une dette du gouvernement russe pré-révolutionnaire envers la société. La concession de la Great Northern Telegraph Company est restée en vigueur jusqu'en 1937l.

À la fin du XIXe siècle, la Russie figurait sur la liste des outsiders mondiaux dans le domaine du réseau de câbles télégraphiques sous-marins. Par exemple, en 1892, le pays ne possédait que 8 câbles sous-marins domestiques appartenant à l'État, et leur longueur totale était de 524 kilomètres, soit seulement 0,2 % de la longueur des câbles sous-marins dans le monde. La même année 1892, la Grande-Bretagne représentait 66,3 % de la longueur des câbles sous-marins dans le monde, les États-Unis 15,8 % et la France 8,9 %. Même la société privée "Great Northern Telegraph Society" possédait alors 27 câbles internationaux d'une longueur totale de 12 838 kilomètres, soit 5,2 % de leur longueur mondiale[308][309].

Cependant, les chiffres montrant la faible part de la Russie ne signifient pas que la Russie n'est pas connectée au reste du monde par un réseau international de câbles télégraphiques sous-marins. Dès 1868, le futur fondateur de la Great Northern Telegraph Society (BSTO), K.F. Tietgen, a reçu une concession du gouvernement russe pour poser un câble sous-marin du Danemark à Libava. Bien que l'ESTO ait été fondée le 1er juin 1869, quatre jours plus tard, le 5 juin, la ligne directe reliant le Danemark et la Russie a été ouverte. La concession à C.F. Tietgen a été accordée conformément aux dispositions de la Convention danoise et russe sur les communications télégraphiques conclue en 1865. La convention prévoyait l'établissement de communications par câble non seulement entre le Danemark et la Russie, mais aussi entre le Danemark et la Grande-

---

[306]   Concession pour l'entretien et l'exploitation de la ligne télégraphique indo-européenne . C. 7-8.
[307]   GARF. F. R-8350. Оп. 3. Д. 506. Л. 1, 4, 8.
[308]Voir : Concessions étrangères en URSS (1920-1930) : Documents et matériels /T. II/ Sous la direction du Prof. M.M. Zagorulko ; Comp : M.M. Zagorulko, V.V. Bulatov, A.P. Vikhrian, O.V. Inshakov, Yu. - Moscou : économie et droit modernes, 2005. C. 213, 730.
[309]   Jacobsen K. La Great Northern Telegraph Society et la Russie ... C. 45.

119

Bretagne. Ainsi, la Russie a pu établir des liaisons télégraphiques avec la Grande-Bretagne et d'autres pays d'Europe occidentale via le Danemark et, de plus, contourner les lignes terrestres allemandes. Le câble sous-marin du Danemark à Libava (Liepaja) a ensuite pris la forme de lignes terrestres télégraphiques vers Saint-Pétersbourg et d'autres régions de Russie1.

La Société télégraphique du Grand Nord danois, cependant, n'était pas exclusivement danoise, mais plutôt multinationale. Elle comprenait les sociétés télégraphiques danoise-norvégienne-anglaise, danoise-russe et norvégienne-britannique. Le 2 octobre 1869, la BSTO a achevé la pose d'un câble sous-marin entre la Suède et la Finlande, qui faisait partie de l'Empire russe. Grâce à cela, la Great Northern Telegraph Society, dirigée par Titgen, a acquis une position clé en Europe du Nord. Elle avait le monopole des services télégraphiques directs entre la Scandinavie, la Russie et la Grande-Bretagne. La ligne stratégiquement importante entre la Russie et la Grande-Bretagne était particulièrement importante[310][311].

Mais les intérêts de la BSTO ne se limitent pas à l'Europe du Nord ; elle est attirée par la vaste étendue eurasienne de la Russie. Depuis le milieu du XIXe siècle, l'idée d'une ligne télégraphique entre l'Europe et l'Amérique du Nord via la Sibérie et le détroit de Béring était dans l'air, mais lorsqu'un câble a été posé sous l'Atlantique en 1866, l'option sibérienne n'était plus nécessaire. Cependant, le bureau postal et télégraphique russe a réussi à l'époque à poser une ligne télégraphique terrestre reliant la Russie européenne au Transbaykal Sretenskoye. Cette ligne a été prise comme point de départ dans les plans de création d'une ligne télégraphique transsibérienne entre l'Europe et l'Asie de l'Est. Un tel projet a été proposé par un certain commerçant britannique à Shanghai au printemps 1867. Elle est connue au Danemark et, en janvier 1869, le directeur du département télégraphique russe K.K.Luders a chargé K.F.Titgen de rédiger le mémorandum informel sur cette question qui est cependant restée sans conséquence. Mais en mai de la même année, le Comité des Ministres russe a décidé d'achever la construction d'une ligne télégraphique terrestre à travers la Sibérie jusqu'à Vladivostok et sa poursuite sous forme de câbles sous-marins vers le Japon et la Chine1.

[310]   Jacobsen K. La Great Northern Telegraph Society et la Russie ... C. 44.
[311]   Ibid.

La décision du gouvernement russe a déclenché une concurrence pour les concessions de pose et d'exploitation de câbles sous-marins en Asie de l'Est. Au 1er septembre 1869, quatre candidats étaient apparus. Outre Tietgen et ses partenaires danois, ils comprenaient trois consortiums de grandes entreprises britanniques associées au "roi du télégraphe" anglais John Pendern, mais le concurrent le plus puissant était Sergei Abaza (qui, soit dit en passant, connaissait bien le secteur du télégraphe et les projets de lignes à travers le détroit de Béring et la Sibérie).

La proposition de S.S. Abaza impliquait une coopération avec John Pen- dern. Abaza lui-même, en raison de ses liens familiaux, avait de solides parrains en la personne de la grande duchesse Elena Pavlovna, du président du Comité des ministres, le prince P.P. Gagarine, du gouverneur général de la Sibérie orientale, M.S. Korsakov, et du ministre de l'intérieur, A.E. Timashev[312][313].

Cependant, C.F. Tietgen a pris le dessus, et deux facteurs ont joué un rôle décisif à cet égard. Tout d'abord, il a habilement joué sur le sentiment anti-britannique à la cour impériale et sur le fait que les intérêts russo-britanniques en Asie. Ensuite, Maria Feodorovna, alors encore jeune princesse et grande-duchesse, était intervenue. Plus précisément, c'est Tietgen qui a décidé de jouer sur les liens de sang entre les tribunaux russes et danois. En juillet 1869, il persuade le roi danois Christian IX d'écrire une lettre à sa fille en Russie pour lui demander de persuader son mari, Cesarevitch Alexandre Alexandrovich, de soutenir le projet danois. Toujours sur la suggestion de Tietgen, le roi Christian a envoyé une deuxième lettre à Maria Feodorovna en septembre, où il lui a demandé une nouvelle fois de faire tout son possible pour obtenir la concession à Tietgen. Dès le 13 octobre 1869, le comité des ministres russes prend une décision en faveur des Danois, et selon Tietgen, c'est la princesse Maria Feodorovna, née princesse Dagmar, qui a l'influence décisive. Dix jours plus tard - le 23 octobre - l'empereur Alexandre II a approuvé la concession1.

Ainsi, la nouvelle concession pour la pose de câbles sous-marins est à nouveau entre les mains de la Great Northern Telegraph Company. Pour sa part, le département télégraphique russe a commencé à achever la construction d'une ligne terrestre de

---

[312] Jacobsen K. La Great Northern Telegraph Society et la Russie ... C. 45.
[313] Ibid.

Sretensk à Vladivostok, et le BSTO a, en 1870 et 1871, relié Vladivostok par des câbles sous-marins à Nagasaki, Shanghai et Hong Kong. Le 1er janvier 1872, la communication télégraphique entre l'Europe et l'Asie de l'Est a été officiellement ouverte. Les câbles sous-marins étaient la propriété d'une société danoise qui était responsable de leur état technique et de leur exploitation. Le bureau télégraphique russe était propriétaire et - responsable de la ligne fixe, qui traversait la Sibérie et la Russie[314][315] européenne.

En raison de la longue distance entre Saint-Pétersbourg et Vladivostok, le signal télégraphique a été dupliqué dans des stations intermédiaires en Sibérie. Plusieurs télégraphistes danois de la BSTO y travaillaient avec des télégraphistes russes, mais ils étaient considérés comme étant en service russe car leur employeur n'était pas la Great Northern Telegraph Society, mais le bureau télégraphique russe. En 1889, le gouvernement russe a pris une décision qui interdisait aux sujets des pays étrangers de desservir les lignes télégraphiques russes. Une partie des télégraphistes danois ont accepté la citoyenneté russe, mais la plupart ont préféré retourner au Danemark. Depuis lors, la ligne télégraphique terrestre à travers la Sibérie est exclusivement desservie par des citoyens russes[316].

Après la mise en service du Transsibérien, le développement économique de la Sibérie a commencé à prendre de l'ampleur. Le volume de la correspondance intérieure russe a fortement augmenté, et les télégrammes de transit de la BSTO ont commencé à être retardés et les erreurs de transmission n'étaient pas rares. C'est pourquoi, dès 1900, la société a décidé de concentrer ses efforts sur la construction de sa propre ligne télégraphique en Sibérie. Il devait être exploité par les opérateurs télégraphiques danois et était destiné uniquement à servir de ligne de transit. C'est-à-dire qu'il ne s'agissait pas d'une concession, mais de la création de sa propre ligne entre les points télégraphiques de la BSTO de la Baltique à l'Asie de l'Est, desservie exclusivement par la société danoise elle-même.1

En 1901, cette question a été soulevée par l'un des directeurs de la BSTO, Eduard Swenson, auprès du ministre des finances S.Y. Witte lors de sa visite au Danemark. La

---

[314]   Jacobsen K. La Great Northern Telegraph Society et la Russie ... C. 45-46.
[315]   Ibid. C. 46.
[316]   Ibid.

société a ensuite entamé de longues négociations avec le bureau télégraphique russe et le ministère des finances. Au cours des négociations, la question de l'extension de la concession à la "Great Northern Telegraph Company" a également été examinée et les souhaits de la partie russe concernant la pose de deux nouveaux câbles sous-marins de Libava à Saint-Pétersbourg et au Danemark ont été exprimés. La question de l'établissement d'un double tronçon de la ligne de communication à l'est d'Irkoutsk a été résolue assez rapidement. Quant à la concession, ce n'est qu'en 1906 que la BSTO et le gouvernement russe ont convenu de la prolonger de 20 ans. Un an plus tard, des câbles sous-marins ont été posés de Libava à Saint-Pétersbourg et au Danemark[317][318].

Pendant la Première Guerre mondiale, malgré la neutralité du Danemark, les câbles sous-marins de la BSTO, reliant la Libava au Danemark et à Saint-Pétersbourg, ont été coupés par la marine allemande. Un des câbles entre le Danemark et la Grande-Bretagne a également été coupé. Comme la Russie et la Grande-Bretagne avaient tendu un câble dans la mer du Nord, de l'Écosse à Aleksandrovsk sur la péninsule de Kola, les activités de la BSTO pendant la guerre ont été sévèrement limitées. En outre, le 1er janvier 1915, la compagnie a perdu le droit de desservir indépendamment la ligne Saint-Pétersbourg - Irkoutsk. Les tentatives de l'impératrice douairière Maria Feodorovna d'interférer et d'aider le BSTO furent vaines et le 2 mars 1917, son fils, l'empereur Nicolas II, abdiqua le trône.

Les émeutes qui ont éclaté en Russie, l'anarchie et la pénurie de nourriture ont forcé la direction de l'entreprise à envisager d'évacuer au Danemark une cinquantaine d'employés du bureau télégraphique de Petrograd, le BSTO. La situation de crise a été atténuée par des livraisons hebdomadaires de 400 kilogrammes de denrées alimentaires en provenance du Danemark, l'interdiction pour le personnel de sortir après la tombée de la nuit et d'autres mesures de précaution1.

Mais la compagnie a continué à opérer en Russie même après l'arrivée des bolcheviks au pouvoir - jusqu'en 1936.

---

[317]   Jacobsen K. La Great Northern Telegraph Society et la Russie ... C. 46.
[318]   Ibid. C. 46-47.

4.3. Métallurgie et mines

Depuis le milieu du XIXe siècle, un certain nombre d'entreprises des industries métallurgiques et minières ont été créées et exploitées dans l'Empire russe selon la méthode de la concession. Le gouvernement a accordé des concessions aux entrepreneurs nationaux et étrangers dans différentes régions du pays, très éloignées du centre. Par exemple, en Sibérie, la première concession industrielle pour l'exploitation du graphite a été accordée à l'industriel français J.-P. Alibert à Prisayanye dès 1847[319][320].

En général, les capitaux étrangers ont joué un rôle énorme dans ces industries. Ainsi, en 1913, l'industrie métallurgique avancée du Sud russe de l'époque était financée à 90% par des [321]capitaux étrangers. Grâce à la participation étrangère, le Sud a produit 73,6 % du fer, 64,2 % du fer et de l'acier, ce qui a considérablement fait reculer la production semi-féodale de l'Oural. La part des districts de Bakou, Grozny, Emba et Maikop dans la production pétrolière russe totale était de 98,2%. Le bassin houiller de Donetsk représentait 87% de la production russe de charbon1.

Toute la métallurgie du sud a commencé à se développer en raison de la proximité territoriale du bassin houiller de Donetsk, du bassin de minerai de fer de Krivoy Rog et des gisements de manganèse près de Nikopol. Ainsi, les mines de Krivoy Rog ont produit de 67 à 75% du minerai de fer russe. Les entreprises étrangères ont joué un rôle décisif dans ce processus. Toutes les zones minières du Kryvyi Rih étaient partiellement exploitées (en location ou en concession) et partiellement détenues par des capitaux étrangers[322][323][324]

Par exemple, la concession dans le bassin de Donetsk a été accordée à l'entrepreneur britannique John Hughes. Le bassin de Donetsk, riche en gisements de houille et de minerai de fer, a d'abord attiré l'attention du gouvernement russe. Il a fallu

---

[319] Jacobsen K. La Great Northern Telegraph Society et la Russie ... C. 47-48.
[320] Voir : Vinokurov M.A. La Sibérie dans le premier quart du XXe siècle : développement du territoire, population, industrie, commerce, finances. - Irkoutsk : Izd vo IGEA, 1996. C. 171.
[321] Concessions étrangères en URSS (1920-1930) . C. 98-99.
À l'échelle de la Russie, la part des capitaux étrangers dans l'industrie minière, métallurgique et de fusion en 1913 s'élevait à 55 % des 4 milliards 800 millions de roubles du capital social total des sociétés (Ibid. P. 99).
[323] GARF. F. R-8350. Op. 1. Д. 425. Л. 66.
[324] Livshits R.S. Placement de l'industrie dans la Russie pré-révolutionnaire. - M., 1955. C. 233, 244-245.

attirer d'énormes ressources financières et techniques pour les développer. Il a été décidé de réaliser cet objectif au moyen de méthodes concessionnelles. Comme le rapporte T.A.Maksimchuk, le chef du département des archives d'Etat de la région de Donetsk, en 1866, cinq concessions sur les ressources métallurgiques du bassin ont été accordées à des hommes d'affaires russes et britanniques. Le gouvernement russe cherchait ainsi à alléger la dépendance de l'empire à l'égard des rails importés. Cependant, ces concessions n'ont jamais été mises en œuvre[325].

L'un d'entre eux a été transféré au prince Sergei Kochubei. A son tour, Kochubey, en 1869, vendit sa concession à un natif du sud du Pays de Galles, un citoyen britannique, John James Hughes, pour 30 000 roubles en argent et 24 000 livres sterling en actions de la "Novorossiysk Coal, Iron and Railroad Works Company" que Hughes était en train de créer. En outre, Hughes a indemnisé Kochubey pour la location de 7,5 acres de terrain. Le 18 avril 1869, John Hughes a signé un contrat avec le gouvernement russe, approuvé par l'empereur Alexandre II. L'homme d'affaires britannique s'est engagé à créer une société anonyme au capital de 300 000 roubles pour développer l'exploitation du charbon et la production ferroviaire à Bakhmutsky uyezd, dans la province d'Ekaterinoslavskaya. Il a été décidé de mettre en service dans les 9 mois des hauts-fourneaux pour la fusion de la fonte brute d'une capacité de pas moins de 100 tonnes anglaises par an. En deux ans, il a fallu achever la construction de l'usine ferroviaire, fonctionnant avec des matières premières locales, et aménager des ateliers mécaniques pour ses besoins. Le contrat prévoyait la production de houille jusqu'à 2 000 tonnes anglaises par jour1.

Le gouvernement russe a cédé gratuitement à la "Société Novorossiysk" les - terrains et le sous-sol à proximité du chemin de fer Azov-Kharkov et lui a donné le droit d'importer de l'étranger toutes sortes de produits nécessaires à la période initiale d'exploitation des usines et des mines aménagées. Hughes a également reçu le droit d'organiser une entreprise pour la construction du chemin de fer à partir d'un des points de la voie ferrée Azov-Kharkov en direction de l'entreprise. À cette fin, le gouvernement a accordé à la "Société Novorossisk" un prêt d'un montant égal à % du coût par verst convenu, mais ne dépassant pas 63 000 roubles par verst, à condition que la société paie

---

[325]   Ressource Internet : http://dn.archives.gov.ua/articles/stat24.htm.

le reste du coût[326][327] en même temps.

La charte de la "Société Novorossisk de production de charbon, de fer et de chemin de fer" a été adoptée le 29 mai 1869 à Londres. Les principaux entrepreneurs ferroviaires, fabricants d'armes et ingénieurs anglais - Daniel Gooch, Charles Gooch, Thomas Brassi, Alexander Ogilvy, Joseph Whitworth et d'autres - ont été les principaux souscripteurs des actions. Le stock de la société était garanti. John Hughes et John Viret Gooch ont été nommés directeurs généraux. Le gouvernement russe attache une grande importance à la fois au développement des mines de charbon et à la construction d'une usine sidérurgique et ferroviaire dans le sud de la Russie, ainsi qu'à la mise en place rapide de voies de transport de liaison. Pour cette raison, elle a promis à la société un soutien supplémentaire sous la forme d'un prêt de 500 000 roubles, mais seulement après que le concessionnaire aurait utilisé au moins la moitié du capital de la société pour ces prix1.

Mais Hughes n'a pas réussi à respecter les termes de l'accord immédiatement, malgré les grands efforts déployés. Néanmoins, au début du XXe siècle, l'entreprise de Hughes comprenait : des mines de fer et de charbon d'une superficie totale de près de 18,9 mille dessiatinas ; une fonderie de fer, une usine de fabrication de fer et d'acier avec des ateliers auxiliaires ; et un chemin de fer de 23 verstes dans la zone de l'usine avec une branche de 11 verstes qui reliait l'usine à la gare de Yuzovo du Chemin de fer de Catherine la Grande. La valeur totale des biens immobiliers de la "Société Novorossiysk" au 13 janvier 1914 s'élevait à plus de 1,7 million de livres sterling. Peu avant la révolution, la société est passée entre les mains de propriétaires russes - en avril 1916, ses actions ont été achetées par la Banque russo-asiatique, et à l'été de cette année-là, la banque les a cédées à la "Société russe pour la production de coquillages et de fournitures militaires" (ancienne SA "Parviainen")[328][329].

Chapitre V
CONCESSIONS DE LA RUSSIE à l'étranger5

---

[326] Gurushina N.N., Potkina I.V. Les capitaux anglais et l'entrepreneuriat privé en Russie // L'entrepreneuriat étranger et les investissements étrangers en Russie. - Moscou : Encyclopédie politique russe (ROSSPEN), 1997. C. 67-68.

[327]   Ibid. C. 68.

[328]   Gurushina N.N., Potkina I.V. Les capitaux anglais et l'entrepreneuriat privé en Russie ... C. 68.

[329]   Ibid. C. 69-70.

.1 Chemin de fer Chine-Est

En plus de l'utilisation de concessions sur son propre territoire, la Russie elle-même a reçu des concessions dans les pays limitrophes de la Chine, de la Corée et de la Perse. Il convient tout d'abord de mentionner la concession russe pour la construction et l'exploitation du chemin de fer, qui traversait le territoire de la Mongolie et la partie nord de la Mandchourie. Cette concession avait une signification économique et politico-militaire pour la Russie. En général, toutes les concessions russes à l'étranger - remplissaient les mêmes fonctions, mais dans une plus large mesure, elles étaient conçues pour faciliter la tâche de la présence et de l'influence russes dans les territoires immédiatement adjacents aux frontières de l'État russe.

La concession de l'East China Road est une concession particulière, et l'histoire de sa cession ressemble plus à un thriller politique. Au tout début du règne de Nicolas II, les Japonais, à la suite de leur victoire militaire sur les Chinois, négociaient divers avantages, notamment - ils demandaient l'annexion de la péninsule de Liaodong. La Russie s'y est opposée, car il était préférable pour elle d'avoir une Chine forte mais "immobile" à ses frontières d'Extrême-Orient que d'avoir des troupes japonaises. C'est pourquoi le - gouvernement russe a commencé à plaider de toutes les manières possibles pour la préservation de l'intégrité territoriale et de l'inviolabilité de l'Empire chinois. Plus précisément, la Russie voulait que le Japon, en tant que nation victorieuse, se limite à une contribution monétaire en échange de l'annexion de la péninsule de Liaodun. Le ministre russe des Affaires étrangères (1895-1896), le prince A. B. Lobanov-Rostovsky, réussit assez rapidement à obtenir le soutien de l'Allemagne et de la France. Ces pays, ainsi que la Russie, ont présenté au Japon, en avril 1895, un ultimatum l'invitant à renoncer à l'annexion de la péninsule et à la remplacer par une indemnité. Le Japon, affaibli par la guerre, a été contraint de céder1.

Dans le même temps, la Russie a décidé d'aider la Chine non seulement sur le plan diplomatique, mais aussi sur le plan financier. S.Y. Witte est entré en contact avec des fonctionnaires chinois et leur a proposé de profiter des services de la Russie pour la conclusion d'un prêt étranger. Il s'agissait pour l'Empire russe de s'engager auprès des banques étrangères à garantir un prêt chinois en cas de "dysfonctionnement de la Chine".

Le prêt pour la Chine sur le marché étranger a en fait été effectué par Witte lui-même, tandis que les banques françaises Paris et des Pays-Bas ("Paribas"), le Crédit Lyonnais ("Lyon Credit") et la maison de banque "Gothenger" y ont participé.

À leur tour, les banquiers français Nestley et Gothenger ont demandé à Witte, en échange de leurs services de prêt, de les aider à développer les activités bancaires françaises en Chine. Suite à cette demande, à l'initiative de Witte, la Banque Russo-Chinoise a été fondée, dans laquelle les Français ont pris une part importante. Au premier stade de l'existence de la banque, ses principaux actionnaires étaient également le Trésor public russe et la Chine. Ce n'est qu'après la démission de Witte comme ministre des Finances et l'échec de la guerre russo-japonaise de 1904-1905 que la Banque russo-chinoise est tombée en décrépitude, mais à la suite de sa fusion en 1910 avec la Banque du Nord, une nouvelle Banque russo-asiatique a été créée[330][331].

Au début de la Première Guerre mondiale, la Banque russo-asiatique était déjà à la tête des "cinq grands" des banques commerciales russes par actions, dont le nombre total a atteint cinquante[332]. Ainsi, la Banque russo-asiatique "est née" de la Banque russo-chinoise.

Les hommes d'État russes ont alors pu faire connaissance non seulement avec la Chine elle-même, mais aussi avec les représentants de sa bureaucratie supérieure. À la même époque, la construction du chemin de fer sibérien est en cours, qui, partant de Tcheliabinsk, atteint presque la Transbaikalie. La question s'est posée de savoir s'il fallait construire le chemin de fer plus loin sur le territoire russe, en faisant un long "détour" le long du fleuve Amour, ou s'il fallait aller directement à Vladivostok en passant par le territoire chinois - à travers la Mongolie et la partie nord de la Mandchourie. Le ministre des finances Witte a eu l'idée d'utiliser la "variante chinoise" pour deux raisons. Premièrement, elle a considérablement raccourci la période de mise en service du Transsibérien, et deuxièmement, le Transsibérien est devenu un corridor de transit international reliant le Japon et l'Extrême-Orient à la Russie et à l'Europe1.

Pour le couronnement de l'empereur Nicolas II (qui a eu lieu en mai 1896),

[330]   Voir : Mémoires de Witte S.Y. Mémoires : Vol. 1. C. 108-114.
[331]   Mémoires de Witte S.Y. Mémoires : Vol. 1. C. 114-115.
[332]   Voir : Livshin Y.I. Monopolies in the economy of Russia. - M., 1961. C. 96.

l'empereur chinois a décidé d'envoyer son commissaire et plus haut fonctionnaire Li Hong Chan, ce qui était l'expression chinoise de la gratitude du jeune empereur russe et de la Russie pour les efforts déployés pour préserver l'intégrité territoriale de la Chine et la participation effective à ses affaires financières. Cette visite a été l'occasion de discuter de la construction d'un chemin de fer de transit à travers la Mongolie et la Mandchourie sur la base d'un avantage commercial mutuel. Witte informe Nicolas II et un proche associé du souverain dans les affaires d'Extrême-Orient, le célèbre prince orientaliste russe E.E.Ukhtomsky, de ses plans. Lee Hong Chang était entre-temps parti pour sa première visite à l'étranger et, selon des informations russes, il était en route pour le canal de Suez. Witte a ensuite invité Nicolas II à "intercepter" Lee Hong Chan à Suez. Cette mission a été confiée au prince Ukhtomsky, qui connaissait personnellement Lee Hong Chan et entretenait avec lui de bonnes relations[333][334].

Cette "opération" était également due en partie aux informations disponibles en Russie selon lesquelles l'Angleterre, l'Allemagne et l'Autriche cherchaient également à "attirer" le dignitaire chinois pour qu'il vienne d'abord en Europe. Les Russes ont essayé d'éviter ce genre d'événements car ils pensaient que Li Hong Chan pouvait être sous l'influence de diverses intrigues anti-russes d'États étrangers. Par souci de confidentialité, E.E.Ukhtomsky est d'abord parti pour l'Europe, d'où (peut-être de Marseille) il est parti par la mer et a rencontré Lee Hong Chan à la sortie du canal de Suez. Le navire à vapeur de la Société russe de navigation et de commerce (ROPiT), que Witte avait spécialement envoyé en Égypte, y était déjà stationné. Malgré les invitations de divers responsables étrangers, Li Hong Chan et toute sa suite sont passés sur le bateau à vapeur russe et, avec le prince Oukhtomsky, se sont rendus à Odessa, d'où ils ont pris un train spécial d'urgence pour Saint-Pétersbourg. Son arrivée exactement à Saint-Pétersbourg, et seulement ensuite à Moscou, était nécessaire à la partie russe pour les négociations préliminaires, car pendant le couronnement de Moscou et toutes les festivités, il serait difficile de mener des négociations1.

Ainsi, des négociations ont eu lieu à la fois à Saint-Pétersbourg et à Moscou. Lors des négociations entre S.Y. Witte et Li Hong Chan, les principales dispositions d'un

---

[333] Mémoires de Witte S.Y. Mémoires : Vol. 1. C. 115-116.
[334] Ibid. C. 115-118.

accord secret entre deux pays ont été élaborées. La Chine a autorisé la Russie à faire passer la voie ferrée sur son territoire directement de Chita à Vladivostok, à condition que sa construction soit réalisée exclusivement par une entreprise privée. Cela signifie que Li Hong Chan n'était pas d'accord avec la suggestion de Witte de confier la construction du chemin de fer sur le sol chinois au Trésor russe. C'est pourquoi il a été nécessaire de créer une "société ferroviaire de Chine orientale"[335][336] privée.

Plus tard, pendant la période de mise en œuvre de la concession, la particularité de la société était qu'elle était uniquement considérée comme privée, c'est-à-dire qu'elle était "quasi-privée", étant sous le contrôle total du gouvernement russe. Les fonctionnaires de l'État qui servaient dans la Compagnie des chemins de fer de Chine orientale étaient soit simplement mis sur un pied d'égalité avec les employés des compagnies de chemin de fer privées, soit considérés comme détachés auprès de celle-ci, tout comme les ingénieurs du ministère des chemins de fer étaient détachés pour servir dans les compagnies de chemin de fer privées russes. Il n'a pas été difficile pour le gouvernement russe d'effectuer toutes ces procédures pour répondre aux exigences chinoises, car toutes les entreprises privées russes étaient sous la supervision du ministère des finances1.

La disposition suivante la plus importante était l'attribution de droits de passage, où les terres devaient appartenir aux Russes. "La Compagnie des chemins de fer de Chine orientale a reçu le droit d'avoir sa propre police et ses propres gardes dans cette ligne, le soi-disant Garde de sécurité des chemins de fer de Chine orientale. La Chine n'a supporté aucun risque pendant la construction et l'exploitation de la route. D'autre part, la Russie s'est engagée à protéger le territoire chinois contre toute action agressive du Japon, concluant ainsi une alliance militaro-défensive avec la Chine contre le Japon[337][338].

La procédure de remise de la concession s'est avérée être une procédure en "deux étapes". Selon les accords de Witte avec Lee Hong Chan, la concession devait être cédée à une société privée, mais elle n'avait pas encore été établie. Witte a alors décidé que la concession serait d'abord cédée à la Banque russo-chinoise, qui avait déjà été fondée et était en activité. Et ce n'est qu'après que la banque devait transférer la concession à la

---

[335] Mémoires de Witte S.Y. Mémoires : Vol. 1. C. 118-120.
[336] Ibid. C. 124.
[337] Mémoires de Witte S.Y. Mémoires : Vol. 1. C. 124-125.
[338] Ibid. C. 125.

East China Railway Company. Il est vrai qu'il était possible d'accorder la concession à une société russe existante, mais Witte pensait que la banque était l'option la plus - appropriée. Néanmoins, souhaitant exclure la tentation de la banque russo-chinoise d'utiliser le droit de concession, Witte a immédiatement préparé un accord avec elle pour le transfert de la concession à la East China Railway Company, qui était en train d'être constituée par le gouvernement russe. Le traité secret sur l'alliance entre la Chine et la Russie contre le Japon et la concession du chemin de fer a été signé à Moscou le 22 mai 1896 dans un hôtel particulier loué par le ministère des Affaires étrangères pour la période du couronnement. Le prince A.B.Lobanov-Rostovsky a été autorisé à signer le contrat du [339]côté russe, Li Hong Chan a signé le contrat du côté chinois.

La concession à la Banque russo-chinoise, puis à une société "quasi-privée", a été cédée pour une durée de 80 ans avec droit de rachat 36 ans après l'ouverture du trafic sur la East China Railway.

5.2. Concession forestière en Corée

L'histoire de la concession russe dans la partie nord de la Corée est largement connue. Il a été acheté le 29 août 1896 au gouvernement coréen par le marchand Y. I. Briner de Vladivostok. Avec l'Allemand A. Hirsch, Briner a fondé la Tetyuhe Joint Stock Mining Company en 1909. Apparemment, un autre entrepreneur - B.J. Briner est son fils, plus tard bien connu en URSS en relation avec la cession par le gouvernement soviétique d'une importante concession en Transbaikalie à la même société minière britannique "Tetyuhe". B.Yu. Briner faisait partie du conseil d'administration de Tetyuhe en tant que directeur et était inscrit comme résident de la société en Union soviétique.

Quant à Y.I. Briner, il a reçu en 1896 une concession forestière dans les bassins des rivières coréennes Tumen et Yalu, ainsi que sur l'île d'Evenlet (Matsushima). Le concessionnaire a également obtenu le droit d'y construire des routes et d'y poser des lignes télégraphiques. La période de concession était de 20 ans. Cependant, après avoir échoué à réunir les capitaux nécessaires, Briner a décidé de vendre la concession.

---

[339] Mémoires de Witte S.Y. Mémoires : Vol. 1. C. 130-131.

En 1889, l'industriel A.M. Bezobrazov, qui était particulièrement proche des plus hauts échelons des autorités russes, s'est intéressé à la concession. C'est lui qui a proposé au gouvernement russe d'acheter la concession à Briner, et cette démarche était motivée par des projets de grande envergure. En fait, à la lumière des idées de "Bezobrazov" qui ont été approuvées par l'empereur Nicolas II, la concession a acquis un "triple objectif". Tout d'abord, il a fourni à la Russie un objet rentable pour l'exploitation des ressources en bois de la Corée. Deuxièmement, il est devenu un moyen de légaliser la présence militaire russe dans la région, où, sous le couvert d'ouvriers, il a été proposé d'envoyer un contingent militaire russe qui, en cas d'hostilités, deviendrait la première ligne de défense contre les troupes japonaises. Troisièmement, il a également permis de "s'emparer" de la zone adjacente à la rivière Yalu, qui serait riche en or. On considère que la dernière circonstance a joué le rôle fatal à l'approche du "dénouement sanglant" - la guerre russo-japonaise de 1904-1905[340].

5.3. Concessions en Perse

Les concessions étrangères russes en Perse, où la Russie luttait avec la Grande-Bretagne sur la division des sphères d'influence, ont joué un rôle énorme. Dans les années 1880, l'influence russe était dominante dans toutes les provinces du nord de la Perse - en Azerbaïdjan persan, Gilan et Mazedaran. Après l'établissement des Russes au Turkménistan, l'influence russe s'est également étendue à la province de Khorasan. Le 9 décembre 1881, à Téhéran, la convention sur la délimitation des possessions russes et persanes à l'est de la mer Caspienne est signée. En outre, le gouvernement russe a reçu des Perses une concession pour la construction de l'autoroute Achkhabad - Kuchan.

En 1882 déjà, la construction était terminée. Cette route assurait une liaison entre les possessions russes et le centre administratif de Khorasan, Mashhad. La concession a permis de déplacer le commerce anglais du Khorasan, et les marchandises russes - produits textiles, sucre et pétrole - ont commencé à dominer dans toute la Perse. En 1893, les Russes ont reçu une seconde concession pour la construction de l'autoroute, qui reliait

---

[340] Voir : Levitsky N.A. La guerre russo-japonaise de 1904-1905. - Moscou : Eksmo Publishing House, Izographus ; Saint-Pétersbourg : Terra Fantastica, 2003. C. 18-19.

le port caspien d'Enzeli et Téhéran. En 1895, la troisième concession routière, cédée aux Russes, a permis la communication entre Qazvin et Hamadan. Les concessions routières ont permis au commerce russe de s'implanter plus solidement en Perse du Nord1.

Mais ce n'est pas seulement la construction d'autoroutes comme moyen de conquérir l'espace commercial de la Perse qui a attiré les Russes. En mars 1889, le - gouvernement russe a reçu du chah persan le droit exclusif de développer des projets de construction de chemins de fer pendant 5 ans. Les entrepreneurs privés russes - Khomyakov, Tretyakov et Korff ont entamé des négociations avec le gouvernement persan afin d'obtenir une concession pour la construction du chemin de fer transpacifique de Resht à la côte sud de la Perse. Mais le gouvernement russe a rapidement changé d'attitude face à ce projet, car sa réalisation faisait courir le risque de voir les marchandises anglaises passer de la mer d'Oman au nord de la Perse. En outre, le gouvernement russe craignait de ne pas pouvoir mobiliser les ressources nécessaires en raison de la construction en cours du chemin de fer transsibérien. Néanmoins, en 1890, les diplomates russes ont obtenu du chah l'obligation de ne pas accorder de concessions ferroviaires en Perse sans le consentement du gouvernement russe, ce qui en soi indiquait l'influence que Saint-Pétersbourg avait sur le Téhéran officiel[341][342].

En effet, cette concession n'a pas été abandonnée pendant longtemps, et ce n'est que dans la seconde moitié des années 1920 qu'un consortium d'entreprises allemandes a vu le jour, composé du consortium Julius Berger, de Philipp Holzmann de Francfort-sur-le-Main et de Siemens Baunion[343]. L'objectif du consortium était la construction du chemin de fer transpacifique. Elle comprenait notamment Julius Berger, qui a également exprimé son intérêt pour l'obtention de concessions du gouvernement soviétique pour l'exploitation de la Volga Shipping Company, la construction du canal de navigation Volga-Don, la construction du métro de Moscou et un certain nombre d'autres installations en Union soviétique.1

Cependant, la toute première concession cédée aux Russes en Perse concernait l'industrie de la pêche. En 1876, le sujet russe G. S. Lianozov a obtenu du gouvernement

---

[341]   Shirokorad A.B. Russie - Angleterre : la guerre inconnue, 1857-1907. - M. : Maison d'édition AST, 2004. C. 398, 400.
[342]   Ibid. C. 400-401.
[343]   GARF. Ф-8350. Опt. 1. Д. 468. Л. 99.

persan un droit de monopole sur la pêche dans les eaux de la Perse du Nord. Le contrat de concession a été renouvelé en 1893 et 1906 et devait rester en vigueur jusqu'en 1925. Le gouvernement tsariste n'a tiré aucun avantage matériel de cette concession et n'a été guidé que par des considérations militaires et politiques. En soutenant les concessionnaires russes, elle a pu, comme dans d'autres cas, contrôler la côte perse de la mer Caspienne et, à travers elle, l'ensemble de la Perse du Nord, renforçant ainsi son influence[344][345] dans cette région.

La pêche en Perse était une entreprise très rentable pour les Russes, car les espèces de poissons particulièrement précieuses - esturgeon, esturgeon étoilé et béluga - n'étaient pas utilisées pour l'alimentation des musulmans pour des raisons religieuses et n'avaient pas de demande sur le marché intérieur de la Perse. En fait, toute l'extraction et la commercialisation du poisson de valeur et du caviar noir étaient concentrées dans les mains des pêcheurs russes. La rentabilité des pêcheries était soutenue par la disponibilité d'une main-d'œuvre locale bon marché. Les Lianozov ont reçu d'énormes revenus bruts annuels de l'entreprise concessionnaire russe - environ 4,2 millions de roubles[346] à l'époque.

Les produits de la pêche de la concession de Lianozovo étaient soit commercialisés en Russie, soit exportés en transit par son territoire. Habituellement, tous les poissons de perdrix salés, à l'exception de la vobla, et les poissons d'esturgeon en conteneurs étaient livrés à Astrakhan pour être transformés et commercialisés, principalement à la foire de Nijni-Novgorod. Le principal consommateur de produits de la pêche de Lianozovo était la population du district industriel central. La totalité de la prise de cafard a été transportée sous forme conditionnée à Bakou, où elle a été vendue à des acheteurs en gros qui ont transporté les marchandises en Ukraine. Les poissons congelés - sandre, sazan, esturgeon et esturgeon étoilé - étaient envoyés à Moscou : en hiver, les livraisons passaient par Bakou et Petrovsk1 , et au printemps par Astrakhan. De Moscou, une partie des produits fraîchement congelés est allée à Saint-Pétersbourg et en Pologne. Tout le caviar en bocaux de 1,8 kg chacun a été exporté à travers la frontière occidentale de la

---

[344] Voir : Concessions dans le domaine du logement, des services publics et des transports en Russie et en URSS ... C. 483-484.
[345]   GARF. F. R-8350. Op. 1. Д. 2551. Л. 73.
[346]   Ibid.

Russie vers l'Allemagne et, en partie, vers l'Australie (!)[347][348].

La Russie en Perse a réussi à obtenir une concession pour l'exploitation d'une ligne télégraphique. Cette concession est associée au nom du nouvel envoyé russe en Perse N.G. Hartwig, arrivé à Téhéran en mai 1906. Dès le mois de juin de la même année, Gartwig a commencé à demander au gouvernement du Shah un certain nombre de concessions, en particulier celle d'utiliser la ligne télégraphique Mashhad - Sistan. Le gouvernement du Shah a décidé d'utiliser cette "occasion de concession" pour conclure un large accord politique et économique avec la Russie, bien que la partie russe ait été réticente à le faire par crainte de perturber les pourparlers asiatiques avec la Grande-Bretagne qui étaient alors en cours. Néanmoins, en août 1906, Hartwig réussit à obtenir la ligne télégraphique Meshed-Sistan en concession aux Russes. Et, comme on peut le constater, le gouvernement du Shah l'a accepté non sans recul ; il a évidemment tenté de compliquer l'accord russo-anglais, car cette ligne télégraphique traversait les provinces directement adjacentes aux territoires de l'Afghanistan et de l'Inde britannique[349].

En août 1907, l'accord russo-anglais a néanmoins eu lieu. Les deux plus grands empires mondiaux ont délimité leurs sphères d'influence en Perse. La zone d'intérêt russe comprenait les provinces du nord du pays - l'Azerbaïdjan persan, Astrabad, Gilan, Mazandéran et Khorasan ; la zone d'influence britannique comprenait le sud-est de la Perse à la frontière du Baloutchistan et de l'Afghanistan. Le traité était tacite. Conformément à ce texte, le 9 mars 1916, sous la pression du gouvernement russe, les autorités persanes ont accordé à un citoyen russe, A.M. Kostaria (Khashtariya), une concession pour le forage de puits de pétrole dans cinq provinces du nord de la Perse. En 1917, Kostaria a fondé un partenariat pétrolier russopersan (RUPENTO), qui a mené un certain nombre d'opérations d'exploration à Mazedaran. Le 19 juin 1920, le - gouvernement persan a annoncé l'annulation de la concession de Kostaria par une note1.

Le 26 février 1921, un traité bilatéral a été conclu entre les gouvernements de Perse et de la RSFSR. Ce traité a signifié la reconnaissance de l'indépendance de la Perse par

[347]   Petrovsk était le nom de Makhachkala jusqu'en 1922.
[348]   Concessions étrangères dans le secteur de la pêche en Russie et en URSS (1920-1930) : documents et matériels / Série "Expérience nationale des concessions" / Vol. I/ Sous la direction du Prof. M.M. Zagorulko, du Prof. A.Kh. Abashidze ; Comp : M.M. Zagorulko, V.V. Bulatov, A.P. Vikhryan, V.N. Kostornichenko, T.V. Tsarevskaya-Dyakina. - Moscou : Sovremennaya ekonomika i pravo, 2003. C. 246.
[349]   Voir : Shirokorad A.B. Russie - Angleterre : la guerre inconnue, 1857-1907 ... C. 404-405.

la Russie soviétique. Dans le même temps, la Perse a reçu de l'État soviétique d'importants biens matériels qui avaient auparavant appartenu au gouvernement tsariste et à des concessionnaires russes. Le gouvernement soviétique a également renoncé à tous les droits découlant des prêts accordés à la Perse par le gouvernement tsariste.

La Banque de comptabilité et de prêt russe a été remise gratuitement aux Perses, et toutes les concessions qui avaient été cédées aux sujets russes ont également été remises :

• Les autoroutes Enzeli-Téhéran et Qazvin-Hamadan avec tous les terrains, bâtiments et équipements liés à ces routes ;

• Les chemins de fer Dzhulfa - Tavriz et Sofyan - lac Urmia avec toutes les structures, le matériel roulant et autres biens ;

• les jetées, barges, entrepôts, bateaux à vapeur et autres moyens de transport sur le lac Urmia avec les biens qui s'y rapportent ;

• toutes les lignes télégraphiques et téléphoniques construites par les Russes en Perse avec tous les biens, bâtiments et inventaires[350][351].

Les Perses ont également repris le port d'Enzeli, qui était la base principale de la concession de pêche de Lianosov.

De toute évidence, les concessionnaires russes ont joué un rôle de premier plan dans la création des infrastructures de transport iraniennes et dans l'établissement des communications télégraphiques et téléphoniques dans le pays. Les concessions russes en Perse ont été liquidées en 1921. A partir de la même année, des pratiques de - concessionnaires ont été initiées en Russie soviétique.

[350]Kostornichenko V.N. Les capitaux étrangers dans l'industrie pétrolière soviétique (19181932) : Ph. - Volgograd, 2001. C. 204-206.
[351] Voir : Dictionnaire diplomatique. Volume II / Rédacteur en chef Acad. A.YA. Vyshinsky. - Moscou : Maison d'édition d'État de littérature politique, 1950. C. 703.

CONCLUSION

Ainsi, les concessions qui nous sont plus connues, cédées dans la période soviétique de l'histoire nationale, ne sont pas nées "de rien". Leur introduction dans l'économie soviétique a été soutenue par la tradition séculaire d'attirer l'initiative entrepreneuriale sur la base de concessions.

Dans l'Empire russe, les concessions étaient particulièrement courantes dans les chemins de fer et les services municipaux. Les statistiques russes attribuent aux concessionnaires ferroviaires 61,2% des kilomètres de chemins de fer ouverts au trafic dans la période 1841-1913. Le poids spécifique du Trésor était de 38,8%. Ce pourcentage était comparable à celui du capital total des chemins de fer généraux en 1914. Ainsi, 37 % du montant total du capital fixe a été constitué à partir des fonds du Trésor public, tandis que 63 % du montant a été mobilisé au moyen d'emprunts obligataires de sociétés de chemin de fer privées.

La part des capitaux des concessionnaires dans l'économie municipale de la Russie tsariste était considérable. Sur le montant total des investissements dans cette industrie au début de la Première Guerre mondiale, ils représentaient 75 % des fonds investis dans les sociétés de tramway, près de 50 % des fonds investis dans l'industrie électrique, 30 % des fonds investis dans l'approvisionnement en eau, 90 % des fonds investis dans l'approvisionnement en gaz (usines à gaz).

En plus de ces industries, dans la période pré-révolutionnaire, les concessionnaires ont créé et exploité des entreprises dans la métallurgie et les mines. À la veille de la révolution d'Octobre, un vaste programme d'exploitation des forêts russes en concession a été mis en place, qui a été combiné avec la création et l'exploitation des chemins de fer et de l'agriculture, ce qui a créé de réelles conditions préalables à l'-établissement et au développement global de l'économie nationale dans les régions éloignées de l'État.

Beaucoup de choses n'ont pas pu être réalisées à cette époque, mais une grande expérience d'attraction de fonds dans l'économie à partir de sources supplémentaires non budgétaires a été accumulée, des questions aussi importantes que la transition de

137

l'entreprise concessionnaire au propriétaire, la garantie de l'État sur le capital des concessionnaires, etc. ont été résolues. Bien qu'il ne soit guère justifié de transférer mécaniquement l'expérience du passé à la pratique actuelle. Toutefois, les spécialistes peuvent et doivent utiliser l'expérience accumulée, en l'adaptant aux réalités actuelles et en tenant compte des erreurs de calcul et des fautes qui se sont produites au cours de la planification et de la mise en œuvre des concessions dans l'histoire nationale.

C'est cette expérience qui a une valeur pratique, car le but le plus important de la politique de concession du gouvernement tsariste (et plus tard soviétique) était la création de nouvelles industries et la modernisation des industries existantes par des investissements dans l'organisation d'entreprises modernes, l'application de - technologies et de formes d'organisation de la production avancées, la formation du personnel, l'assimilation de compétences économiques étrangères, etc. L'évaluation critique de l'expérience nationale dans l'application des relations de concession permet de minimiser les risques potentiels lors de la mise en œuvre de la pratique du partenariat public-privé dans la Fédération de Russie.

LA LITTÉRATURE ET LES SOURCES PUBLIÉES

1. Bernstein, I.N. Essais sur le droit des concessions de l'URSS / Edité par M.O. Reichel / I.N. Bernstein. - M. ; L. : Maison d'édition d'État, 1930.

2. Bessolitsyn, A.A. Histoire économique de la Russie. Essais sur le développement de l'esprit d'entreprise. Manuel / A.A. Bessolitsyn, A.D. Kuzmichev. - Volgograd : Institut d'économie, de sociologie et de droit de Volgograd, 2001.

3. Bitrich, A.A. Les forêts et l'exploitation forestière du Nord // Les forces productives du Nord de la Russie. Vol. II : Forêts / A.A. Bitrich. - M., 1922.

4. Bovykin, V.I. Introduction / V.I. Bovykin // Entrepreneuriat étranger et investissements étrangers en Russie : Essais. - Moscou : Encyclopédie politique russe (ROSSPEN), 1997.

5. Bovykin, V.I. Belgian entrepreneurship in Russia / V.I. Bovykin, V. Peters // Entrepreneuriat étranger et investissements étrangers en Russie. - Moscou : Encyclopédie politique russe (ROSSPEN), 1997.

6. Bovykin, V.I. Entrepreneuriat français en Russie / V.I. Bovykin // Entrepreneuriat étranger et investissements étrangers en Russie. - Moscou : Encyclopédie politique russe (ROSSPEN), 1997.

7. Grande encyclopédie soviétique. T. 12. - Moscou : Encyclopédie Sovetskaya, 1928.

8. Bulatov, V.V. La voie maritime Volga-Don-Azov : concessions non réalisées / V.V. Bulatov, M.M. Zagorulko. - Volgograd : maison d'édition scientifique de - Volgograd, 2007.

9. Vinokurov, M.A. La Sibérie dans le premier quart du XXe siècle : développement du territoire, population, industrie, commerce, finances / M.A. Vinokurov. - Irkoutsk : maison d'édition de l'IHEA, 1996.

10. Witte, S.Y. Souvenirs. Mémoires : Vol. 1 / S.Y. Witte. - M. : AST, Mn : Harvest, 2002.

11. Mémoires de Witte S.Y. Mémoires : Vol. 3 / S.Y. Witte - M. : AST, Mn. : Harvest, 2002.

12. Voronin, M.I. P.P. Melnikov - ingénieur, scientifique, homme d'État / M.I. Voronin, M.M. Voronina, I.P. Kiselev, L.I. Korenev, A.P. Leyaev, V.S. Sukhodoev. - Saint-Pétersbourg : Humanistica, 2003.

13. Gaevsky, P. Concessions forestières et colonisation au Nord / P. Gaevsky. - Petrograd, 1923.

14. A Year of Government Work (Materials for the Report for 1927/28) / édité par N.P. Gorbunov, A.V. Stoklitsky et S.M. Bronsky. - Moscou : Département de la presse et de l'information de l'URSS SNK et de l'OTS, 1929. C. 355.

15. Gronsky, P.E. How to build the Siberian railway : report at the meeting of the Society for Promotion of Russian industry and commerce / P.E. Gronsky. - B.m. : Znamenskaya printed-lit. S.F. Yazdovsky, (vers 1891).

16. Gumilev, L.N. De la "Rus" à la Russie / L.N. Gumilev. - M. : AST, "Guardian", 2006.

17. Gurushina, N.N. Les capitaux anglais et l'entrepreneuriat privé en Russie / N.N. Gurushina, I.V. Potkina // L'entrepreneuriat étranger et les investissements étrangers en Russie. - Moscou : Encyclopédie politique russe (ROSSPEN), 1997.

18. Dictionnaire diplomatique. Volume II / Rédacteur en chef Acad. A.YA. Vyshinsky. - Moscou : Maison d'édition d'État de littérature politique, 1950.

19. Diakonova I.A. Investissements allemands directs dans l'économie de la - Russie impériale / I.A. Diakonova // Entrepreneuriat étranger et investissements étrangers en Russie. - Moscou : Encyclopédie politique russe (ROSSPEN), 1997.

20. Dyakin, V.S. Capitales allemandes en Russie (industrie électrique et - transport électrique) / V.S. Dyakin. - L. : Nauka, 1971.

21. Zhirnov, E. Chant de la pipe viking / E. Zhirnov // Dengi. № 6(461). 16 février 2004.

22. Une plante en route. - Volgograd : Éditions Nizhne-Volzhskoe, 1970.

23. Zvorykina, Y. Concessions d'État et municipales en Russie / Y. Zvorykina. - Moscou : économie et droit modernes, 2002.

24. Ivanov, P.N. Soviet electrical industry (development review) / P.N. Ivanov. - Moscou ; L. : Maison d'édition d'État sur l'énergie, 1933.

25. Concessions étrangères dans le secteur de la pêche en Russie et en URSS (19201930s) : documents et matériels / Série "Expérience nationale des concessions" / Vol. I/ Sous la direction du Prof. M.M. Zagorulko, du Prof. A.Kh. Abashidze ; Comp : M.M. Zagorulko, V.V. Bulatov, A.P. Vikhryan, V.N. Kostornichenko, T.V. Tsarevskaya-Dyakina. - Moscou : Sovremennaya ekonomika i pravo, 2003.

26. Concessions étrangères en URSS (1920-1930) : Documents et matériels /T. II/ Sous la direction du Prof. M.M. Zagorulko ; Comp : M.M. Zagorulko, V.V. Bulatov, A.P. Vikhrian, O.V. Inshakov, Yu. - Moscou : économie et droit modernes, 2005.

27. Concessions étrangères dans l'extraction et le traitement des minerais de - métaux non ferreux en Russie et en URSS (1920-1930) : documents et matériaux / Série "Expérience nationale des concessions" / Vol. III/ Sous la direction de A. A. Klishas ; Comp : M.M. Zagorulko, M.V. Dyatchin, T.V. Tsarevskaya-Dyakina. - Moscou : - économie et droit modernes, 2005.

28. Inshakov, O.V. Avant-propos / O.V. Inshakov // Bulatov V.V., Zagorulko M.M. Conduite d'eau principale Volga - Don - mer d'Azov : concessions non réalisées. - Volgograd : Maison d'édition scientifique de Volgograd, 2007.

29. Kalmykov, S.V. American entrepreneurship in Russia / S.V. Kalmykov // Entrepreneuriat étranger et investissements étrangers en Russie. - Moscou : Encyclopédie politique russe (ROSSPEN), 1997.

30. Kamenetsky, M.O. Premières centrales électriques russes / M.O. Kamenetsky. - M.-L., 1951.

31. Kelarev, V.V. Les relations de bail dans les conditions de formation de l'économie de marché : Résumé de la thèse pour le diplôme de candidat des sciences économiques / V.V. Kelarev. Kelarev. - Rostov-sur-le-Don, 1993.

32. Concessions dans la construction de logements, les services publics et les transports en Russie et en URSS : Documents et matériaux /T. IV / Ed. par le Prof. M.M. Zagorulko ; Comp : M.M. Zagorulko, R.T. Akchurin, V.V. Bulatov, A.P. Vikhrian, O.V. Inshakov, Yu.I. Sizov, T.V. Tsarevskaya-Dyakina. - Volgograd : - Maison d'édition scientifique de Volgograd, 2006.

33. Concession pour la construction d'une voie ferrée de la ville de Yelts à la

141

gare de Gryaz du chemin de fer Voronezh Zemstvo. - Saint-Pétersbourg, 1867.

34. Concession pour l'entretien et l'exploitation de la ligne télégraphique indo-européenne à l'intérieur de la Russie. - Odessa, 1901.

35. Concession pour la construction et l'installation de pavillons avec - communication téléphonique à Saint-Pétersbourg. - Saint-Pétersbourg : Imprimerie du ministère des Chemins de fer, 1903.

36. Kostornichenko, V.N. Les capitaux étrangers dans l'industrie pétrolière soviétique (1918-1932) : Thèse pour le diplôme de docteur en économie / V.N. Kostornichenko. - Volgograd, 2001.

37. Kurzel, G. Revue historique : les entreprises allemandes en Russie jusqu'en 1914 / G. Kurzel // Deutschland. N° 1/99 février-mars.

38. Kurys, N.V. Foreign investments : Russian history (legal research) / N.V. Kurys. - Saint-Pétersbourg : Legal Center Press, 2003.

39. Landau, B.A. Droit des concessions de l'Union de la RSS (Avec l'annexe des lois actuelles sur l'ordre d'octroi des concessions) / B.A. Landau. - M., 1925.

40. Levitsky, N.A. La guerre russo-japonaise de 1904-1905 / N.A. Levitsky. - M. : Izd vo Eksmo, Izographus ; SPb : Terra Fantastica, 2003.

41. Livshin, Y.I. Monopoles dans l'économie de la Russie / Y.I. Livshin. - M., 1961.

42. Livshits R.S. Placement de l'industrie dans la Russie pré-révolutionnaire / R.S. Livshits. - M., 1955.

43. Lyandau, L.G. Capitaux étrangers en Russie pré-révolutionnaire et en URSS / L.G. Lyandau. - Moscou ; L. : Maison d'édition d'État, 1925.

44. Mayer, V.I. Concessions forestières dans le nord de la partie européenne de la Russie / V.I. Mayer // Forces productives du nord de la Russie. Vol. II : Forêts. - M., 1922.

45. Matériel pour la description des rivières russes et l'histoire de l'amélioration de leurs conditions de navigation. Annexe au numéro IX. - Saint-Pétersbourg, 1906.

46. Morozova E.N. Concessions ferroviaires et zemstvo / E.N. Morozova // De l'histoire de la pensée économique et de l'économie nationale de la Russie : Collection

d'ouvrages scientifiques. vol. 2. Ch. 2 : Problèmes agraires. Pour le 130e anniversaire du zemstvo en Russie. - Moscou ; Volgograd : Éditeur de l'Université d'État de Volgograd, 1997.

47. Rapport du Comité des guildes du Don pour 1910. - Rostov-sur-le-Don, 1911.

48. Pogrebinsky A.P. Esquisses des finances de la Russie pré-révolutionnaire (XIX-XX siècles) : Monogr. - Université technique d'État de Volgograd / A.P. Pogrebinsky. - Volgograd, 2000.

49. Prokopovich, S.N. Économie nationale de l'URSS. Volume II / S.N. Prokopovich. - New York : Maison d'édition Tchekhov. Tchekhov, 1952.

50. Le destin de la Russie. Rapports et notes des hommes d'État aux empereurs sur les problèmes de développement économique du pays (deuxième moitié du XIXe siècle). - S.-Pétersbourg : "Visages de la Russie" 1999.

51. Khlystov I.P. Don à l'époque du capitalisme : années 60 - milieu des années 90 du XIXe siècle. Essais sur l'histoire de la Russie du Sud / I.P. Khlystov. - Rostov-sur-le-Don : Maison d'édition de l'Université de Rostov, 1962.

52. Tcheremisinov, G.A. L'entrepreneuriat d'État dans l'économie nationale : la préhistoire du calcul économique / G.A. Tcheremisinov. - Saratov, 1995.

53. Shirokorad, A.B. Russie - Angleterre : la guerre inconnue, 1857-1907 / A.B. Shirokorad. - M. : Maison d'édition AST, 2004.

54. Shreter, V. Droit de concession / V. Shreter // Bulletin de l'industrie, du commerce et des transports. 1923. № 9-10.

55. Jakobsen, K. Great Northern Telegraph Society and Russia : 130 ans de coopération à la lumière de la grande politique / K. Jakobsen // Otechestvennaya istoriya. № 4. 2000.

56. Queen, G.S. Wharton Barker and Concessions in Imperial Russia, 18781892 / G.S. Queen // The Journal of Modern History. Vol. 17. Numéro 3. Septembre 1945.

Lightning Source UK Ltd.
Milton Keynes UK
UKHW042009141021
392207UK00001B/214